글 ▶▶ 남택진

늘 배우려고 노력합니다.
소박히 알게 된 것들을 나누고자 말하고 씁니다.
대학 및 관공서 등에서 교육에 관하여 함께 고민하고
공유하는 시간을 만들어 가고 있습니다.
〈초등 도형 구구단〉, 〈완주 분수〉 등을 집필하였습니다.
tjnam1120@gmail.com

글 ▶▶ 이현욱

많은 것을 보고 듣고 배워왔지만, 새로운 것을 접할
때는 다시금 어린아이처럼 설레고 놀라곤 합니다.
앞으로 수학을 접할 독자들에게 흥미와 호기심을
자극하는 시작이 된다면 좋겠습니다.

그림 ▶▶ **정은혜**   일러스트레이터 겸 만화가로 활동 중입니다.

보기만 해도 쉽게 풀리는
어린이 수학 도감

남택진·이현욱 글
정은혜 그림

㈜다락원

재미있고 부드럽게 다가가는 책을 쓰려고 했는데 '수학 도감'이라는 제목은 아무래도 딱딱하게 느껴집니다. 수학도 도감도 익숙하지 않아서 인지도 모르겠습니다. 아이들이 느끼기에 어떤 것은 수수께끼 같고 어떤 것은 미술 같고 또 어떤 것은 역사나 철학 같을 테지요.

하지만 이 모든 것이 알고 보면 다 수학입니다. 수학이라는 것에 아직 거부감이 없을 시기에 자연스럽고 흥미롭게 접해보는 것은 어떨지 하는 생각에서 출발하여 이 책을 쓰게 되었습니다.

물론 수학 공부에서 사칙연산도 중요하고 문제 풀이도 중요합니다. 다만 아이들의 두뇌가 말랑말랑한 시기에 생각을 펼쳐나갈 수 있는 다양한 이야기들을 소개해 줄 수 있어 개인적으로 만족스럽게 생각합니다.

이 책은 아이들이 보기에 흥미롭고 재미있는 소재들로 다가가고자 하였습니다. 쉽게 이해되는 부분도 아직은 어려운 내용도 있겠지요. 한 번에 모든 내용을 이해하지 않아도 좋습니다. 관심 가는 내용 위주로 읽어보고, 여러 번 보면서 조금씩 호기심을 확장해 나가기를 권해 봅니다. 이 책이 사랑스러운 우리 아이들에게 작은 도움이 되기를 바랍니다.

남택진 드림

등장인물 소개

매력 넘치는 4명의 위대한 수학자를 소개합니다!

아르키메데스

유레카! 고대 그리스 전설의 수학자

모든 시대를 통틀어 가장 위대한 수학자. 조금 엉뚱하지만, 수학에 대한 실력만큼은 최고! 그가 세상에서 가장 사랑하는 것은 다름 아닌 '원'이라고?!

히파티아

인류 최초의 여성 수학자

미모와 지성을 겸비한 알렉산드리아 최고의 스타 강사. 그녀가 수학을 가르쳤을 당시 세계 각 지역에서 그녀의 강의를 듣고자 몰려들었다고 한다.

파스칼

프랑스가 낳은 천재 중의 천재

아버지를 돕기 위해 세계 최초의 기계식 계산기를 만든 효자. 오늘날 우리가 컴퓨터와 스마트폰을 사용할 수 있는 것도 모두 그의 발명 덕분!

데카르트

나는 생각한다. 고로 존재한다.

지독한 잠꾸러기지만 단순히 게으르다고 생각하면 큰 오산! 그의 이불 속에서 위대한 생각과 엄청난 수학적 발견들이 이루어지고 있다.

차례

프롤로그 ... 4   등장인물 소개 ... 5

1장 수의 기원

1-1 고대의 숫자
수의 기원 ... 10
고대의 숫자 ... 12
아라비아 숫자 ... 14
0의 역사 ... 16

1-2 이집트
나일강의 축복 ... 18
피라미드 ... 20
이집트 숫자 ... 22
호루스의 눈 ... 24

1-3 진법의 세계
10개의 숫자 ... 26
12에 대하여 ... 28
시계 ... 30
외계로 보낸 편지 ... 32

1-4 만화로 보는 수학자 이야기
아르키메데스 ... 34

2장 무한한 수의 세계

2-1 수의 세계
큰 수 ... 40
무한(∞) ... 42
아킬레스와 거북 ... 44
작은 수 ... 46

2-2 여러 가지 수
소수 ... 48
대칭수 ... 50
피보나치수 ... 52
도형수 ... 54

2-3 수학 기호
수학 기호 ... 56
길이 단위 ... 58
무게 단위 ... 60

2-4 만화로 보는 수학자 이야기
히파티아 ... 62

3장 우연과 확률

3-1 비율
- 황금비 ..o. 68
- 금강비 ..o. 70
- 백분율 ..o. 72

3-2 확률
- 비둘기 집 원리 ..o. 74
- 무한 원숭이 정리 ..o. 76
- 나비 효과 ..o. 78
- 머피의 법칙 ..o. 80

3-3 게임
- 통계 ..o. 82
- 빅데이터 ..o. 84
- AI ..o. 86

3-4 만화로 보는 수학자 이야기
- 파스칼 ..o. 88

4장 도형과 착시

4-1 도형
- 평면도형 ..o. 94
- 프랙탈 ..o. 96
- 테셀레이션 ..o. 98

4-2 착시
- 면을 이용한 착시 ..o. 100
- 선을 이용한 착시 ..o. 102
- 원근법 ..o. 104
- 불가능한 도형 ..o. 106

4-3 건축
- 한붓그리기 ..o. 108
- 트러스 ..o. 110
- 입체 도형 ..o. 112
- 위치와 모양 ..o. 114

4-4 만화로 보는 수학자 이야기
- 데카르트 ..o. 116

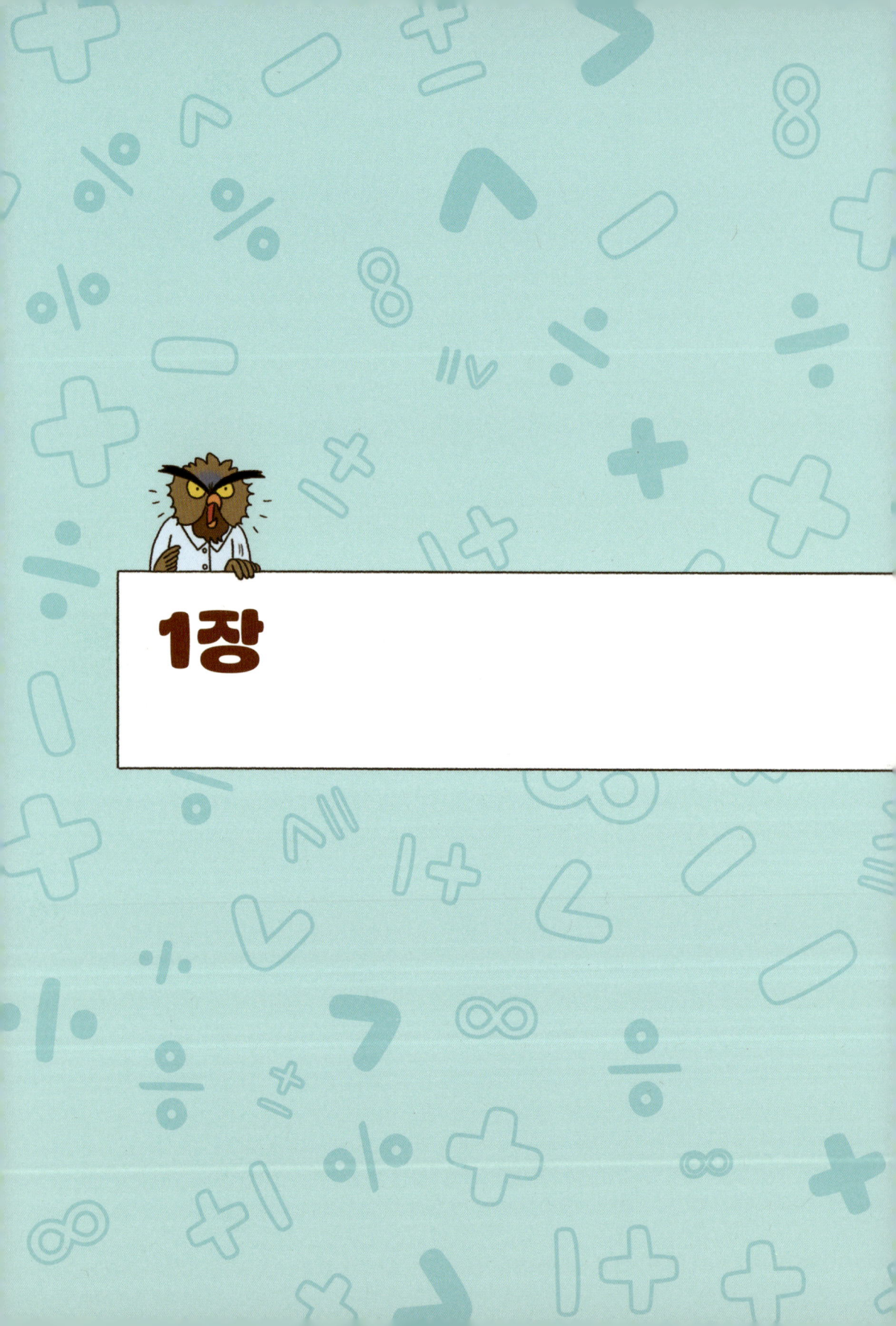

수의 기원

1-1 고대의 숫자

수의 기원

인류는 언제부터 수를 세었을까?

놀랍게도 약 2만 년 전 구석기인들도 계산을 했다!

1960년 콩고의 한 국립공원 안에서 눈금이 빼곡히 새겨진 뼈가 발견되었는데, 이것이 바로 '이상고 뼈'이다.

눈금이 새겨진 곳은 다름 아닌 *원숭이의 다리뼈!*

이상고 뼈에 새겨진 눈금은 무슨 용도일까?

여러 설이 있지만, 다음 두 가지가 유력.

1. 계산판이다. (3 + 2 = 5 ?)

2. 달력이다. (오늘이 며칠이더라?)

막대나 뼈로 수를 기록한 유물을 전 세계적으로 계속해서 발굴 중! 조만간 그 비밀이 드러나지 않을까?

Q 숫자가 없던 시절에는 수를 어떻게 세었을까?

숫자가 없던 시절에는 풀 뜯으러 갔던 가축들이 다 돌아왔는지 어떻게 알 수 있었을까? 가축과 돌멩이를 하나씩 짝지어 보면 알 수 있다.

수메르인들은 가축을 셀 때 '칼쿨리'라는 돌멩이와 그것을 담는 점토 항아리를 사용. 계산을 뜻하는 단어 'Calculus'가 칼쿨리에서 유래함.

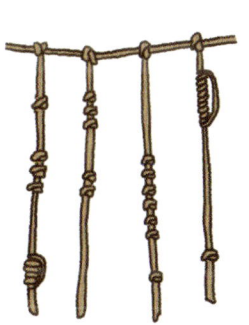

한편 잉카인들은 수를 셀 때 '키푸'라는 밧줄을 이용했다.

키푸로 편지도 보낼 수 있는데, 매듭이 바로 글자 역할!

다만 현재는 키푸의 매듭을 해석할 수 있는 잉카인이 없어 무슨 내용인지는 영원히 미궁?!

나도 사랑해요.

연애편지

1-1 고대의 숫자

고대의 숫자

'플림튼322'는 고대 바빌로니아인들이 만든 점토판

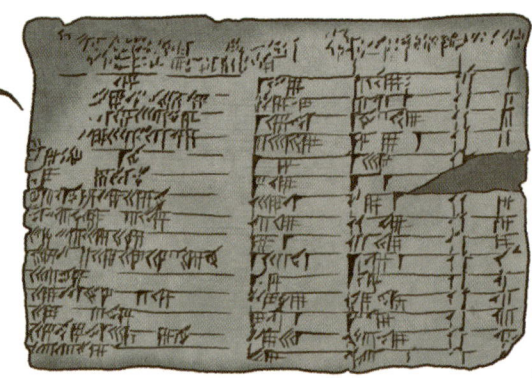

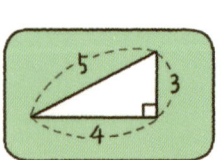

여기에는 놀랍게도 **직각 삼각형의 세 변의 길이**가 빼곡히 적혀 있다!

길쭉한 세모 모양 글자인 '쐐기 문자'로 쓰여졌다.

피타고라스가 태어나기 1000년도 훨씬 전에 바빌로니아인들은 이미 직각 삼각형의 성질을 알고 있었던 걸까?

내가 졌다!

나무나 금속으로 만든 펜 '스타일러스'로 점토판에 기록했는데, 이것이 '쐐기 문자'.

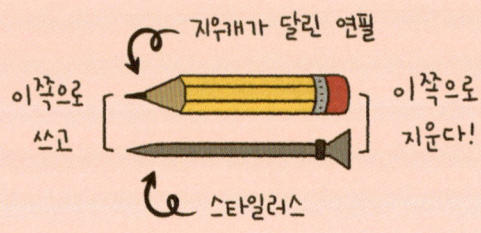

지우개가 달린 연필
이쪽으로 쓰고
이쪽으로 지운다!
스타일러스

점토판을 오븐에 구우면 돌처럼 단단해져 오래 보관이 가능!

빵으로 착각하지 않도록 주의!

이렇게 만들어진 점토판들을 그 당시 도서관에 보관했었다고…!

 **고대 국가들이 사용한 신비한 숫자들**

바빌로니아인들은 60을 매우 신비로운 수라고 생각했다.
이들은 60개를 한 묶음으로 하는 숫자 체계를 사용.

그 영향은
아직도 강하게 남아 있다.
예) 1시간=60분

| 1 | 2 | 3 | 4 | 5 | 6 | 7 | 8 | 9 |
| 10 | 20 | 30 | 40 | 50 | 60 |

고대 마야인들은 20개(0~19)를 한 묶음으로 하는 숫자 체계를 사용했다.

0 1 2 3 4
5 6 7 8 9
10 11 12 13 14
15 16 17 18 19

특히 숫자 0의 존재를 일찍이 알고 있었는데, 기묘한 모양의 눈이 (혹은 조개껍데기) '0'을 나타낸다.

한편 고대 그리스인들이 쓰던 문자는 숫자로도 쓰인다.

예를 들어 'α(알파)'는 글자이기도 하지만
1을 나타내는 숫자이기도 하다.

α β γ δ ε
ς ζ η θ ι

13

1-1 고대의 숫자

아라비아 숫자

아라비아 숫자에는 숨겨진 비밀이 있다.
숫자가 가진 **각의 개수가 곧 수의 크기**를 나타내도록
만들어졌다는 것이다!

'1'은 각이 1개니까 1.

각의 수가 숫자와 절묘하게 일치.

각이 하나도 없는 '0'은 둥글다.

정말로 그럴까?

신기하게도 각의 수와 수의 크기가 딱 맞다.
하지만 사실로 믿기엔 근거가 부족!
실제로는 다음과 같이 발전되어 왔다.

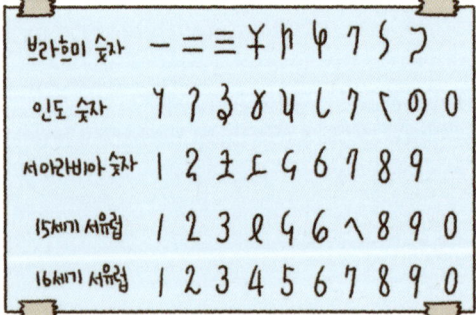

인도-아라비아 숫자

현재 가장 널리 사용되고 있는 숫자.
0에서 9까지 10개의 숫자를 사용한다.
사실 인도에서 만들어졌으나,
아라비아 상인들에 의해 유럽으로
전파되었기에 '아라비아 숫자'라고
불린다.

좀 억울한걸?

아라비아 숫자는 '악마의 숫자'라고?

아라비아 숫자는 피보나치의 〈산반서〉를 통해 유럽에 널리 소개되었다.
하지만 아라비아 숫자를 받아들이자는 필산파와 이를 반대하는 수판파로 나뉘어 다툼이 일어났다!

필산파 vs 수판파. '수의 여신'의 선택은?

필산파
아라비아 숫자를 받아들인 사람들. 숫자로 빠르게 계산하고 기록하는 것이 가능.

수판파
계산은 수판으로 하고, 기록은 로마 숫자로 하는 기존의 방식 선호.

수의 여신이 어느 쪽을 보고 있는가?
기나긴 싸움 끝에 결국 '필산파'가 승리!
비로소 아라비아 숫자가 전파되기 시작했다.

1-1 고대의 숫자

0의 역사

가장 늦게 태어난 숫자가 바로 '0'!

일부 고대 국가에서 빈자리 표시 기호로 0을 사용. **하지만 제대로 된 숫자 취급은 받지 못했다.**

브라마굽타(598~660)는 인도의 수학자로 숫자 **0에게는 아버지 같은 존재.**

호주의 한 연구에 따르면 앵무새, 원숭이뿐만 아니라 꿀벌도 0을 안다고….

브라마굽타가 쓴 〈우주의 창조〉를 보자.

같은 두 수를 뺄셈하면 0

어떤 수에 0을 곱하면 0

0으로 나누는 것은 금지!

브라마굽타가 0을 정의하면서 처음으로 제대로 된 숫자로 사용!

0이라고 다 같은 0이 아니다?

0은 상황에 따라 다양한 의미를 나타낸다.

- **空(비어 있음)**

0은 빈자리를 나타내기 위해 사용되기 시작했다.

- **無(없음)**

아무것도 존재하지 않음을 나타낼 때도 0을 쓴다.

- **始(시작점)**

한편 시작을 나타낼 때도 0을 사용한다. 달리기에서 시작점은 0m이다.

이외에도 온도에서 0도는 '기준점'의 의미를 나타내기도 한다.

1-2 이집트 — 나일강의 축복

고대 이집트의 나일강은 매년 홍수가 났다!

덕분에 땅이 매우 비옥해 농사가 잘됨!

이집트인들은 대홍수를 **나일강의 신 하피의 축복**이라 믿었다.

하지만 홍수 이후엔 땅의 경계가 다 지워져 땅 주인 간의 싸움이 자주 발생! 매번 밧줄과 말뚝으로 땅을 다시 쟀는데….

똑바로 재라!
그럼 자기가 하든지!

기하학(Geometry)
도형 및 공간을 다루는 수학. 기하학(Geometry)은 '땅(geo)'과 '재다(metry)'가 합쳐진 말.

이것을 수천 년 반복하다 보니, 수학이 발달될 수밖에…?

따지고 보면 기하학의 탄생은 이 녀석 때문?

세계에서 두 번째로 많이 읽힌 책은?

세계에서 가장 많이 읽힌 책은 성경책이라고 한다.

그렇다면 두 번째로 많이 읽힌 책은 무엇일까?

그것은 놀랍게도 수학책이다. 바로 유클리드가 쓴 〈기하학 원론〉.

이 책은 1482년 처음 인쇄된 이후 무려 1000판 이상 인쇄되었다.

'최초의 수학 교과서'라고 해야겠군요.

지름길 같은 건 없습니다. 흠흠.

아, 예….

유클리드는 한때 이집트의 파라오를 이 책으로 가르쳤다. 파라오가 수학을 쉽게 배울 수 있는 방법을 묻자 이렇게 대답했다.

"왕이시여, 수학에는 왕도가 없습니다."

1-2 이집트 : 피라미드

이집트에서 가장 규모가 큰 대피라미드는 <mark>거대한 규모임에도 오차가 거의 없다.</mark> 이게 어떻게 가능한 것일까?

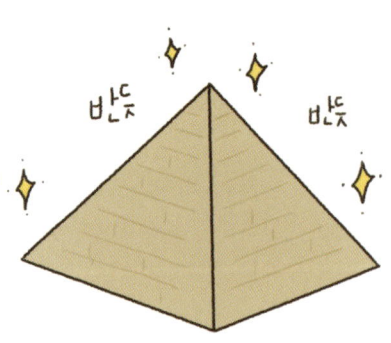

피라미드를 정확히 제작하기 위해 <mark>'로열 이집트 큐빗'</mark>이라는 단위를 사용!

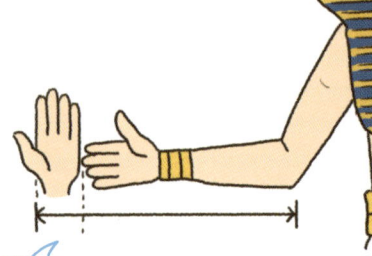

 인체를 기준으로 한 단위

로열 이집트 큐빗
파라오의 팔꿈치에서 손가락까지 길이(큐빗) + 손바닥 폭(팜)

로열 이집트 큐빗을 지키지 않는 자들에겐 죽음만이….

한편 이집트인들은 피라미드의 무게 중심으로 우주의 기운이 모인다고 믿어 왕의 묘실을 무게 중심에 만들었다!

언제까지 이러고 있어야 돼?

그래서 파라오의 미라가 수천 년 동안 썩지 않은 걸까?

실제로는 이집트인의 뛰어난 방부 기술 덕분이다.

피라미드가 얼마나 오래되었냐면 피라미드를 지을 당시 '매머드'가 살았다고…!
거대하다…!

피라미드 높이를 어떻게 잴 수 있을까?

이집트의 왕 아마시스는 문득 피라미드의 높이가 궁금했다.

마침 그리스의 유명한 수학자 탈레스가 이집트에 여행을 왔는데,

파라오는 탈레스에게 피라미드의 높이를 재라는 명을 내렸다. 탈레스는 이를 막대 하나로 간단히 해결!

어떻게 그 거대한 피라미드 높이를 쟀을까? 비밀은 바로 그림자에 있다.

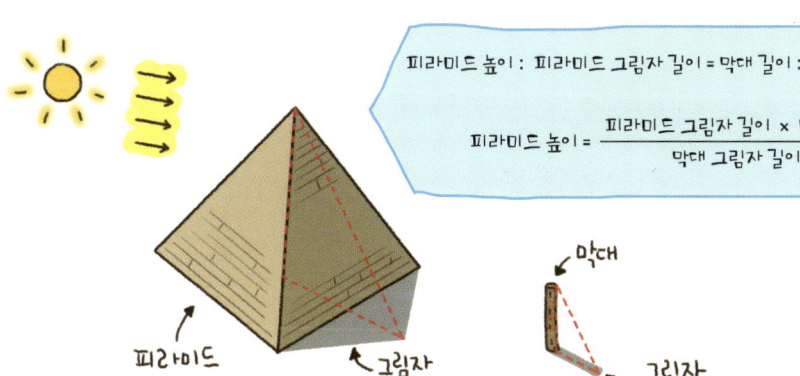

피라미드 높이 : 피라미드 그림자 길이 = 막대 길이 : 막대 그림자 길이

$$피라미드\ 높이 = \frac{피라미드\ 그림자\ 길이 \times 막대\ 길이}{막대\ 그림자\ 길이}$$

피라미드 옆에 막대를 꽂고 막대와 그림자의 길이가 같아지는 순간, 피라미드 중심에서 그림자 끝까지의 길이를 재어 해결!

이집트 숫자

1-2 이집트

고대 이집트인들은 사물이나 동물의 모양을 본떠 만든 문자를 사용했다. 이것이 바로 '상형 문자'!

큰 수를 나타내는 숫자는 이렇게 쓴다.

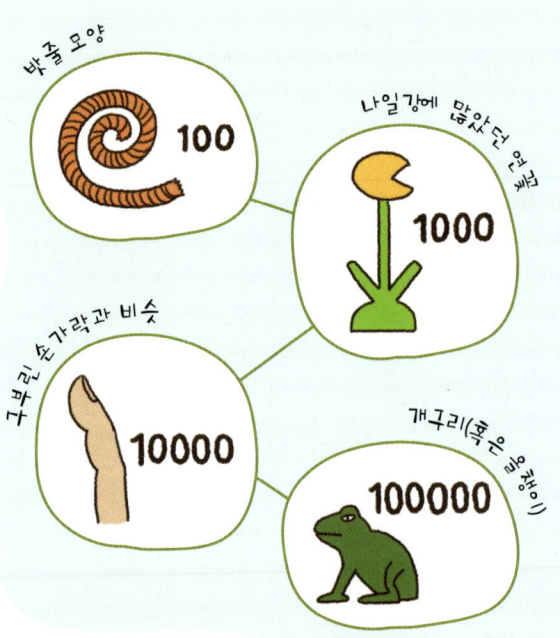

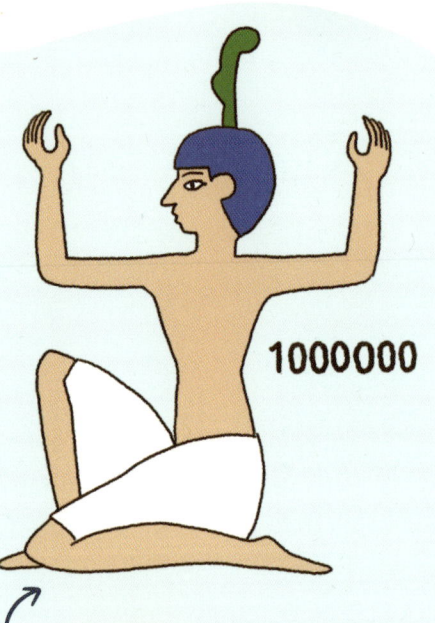

1000000을 나타내는 숫자. 너무 큰 수에 놀란 사람 같기도….

1에서 10까지의 수는 의외로 아주 단순한 모양이다.

| 1, $||_2$, $|||_3$, $||||_4$, $|||||_5$,
$|||_6$, $||||_7$, $||||_8$, $|||||_9$, $\cap_{10}$ |

QUIZ

문제 위의 그림이 나타내는 수는 얼마일까?

정답: 1230

Q 고대 이집트에도 수학 문제집이 있었다?

고대 이집트 사람들은 이미 종이를 만들어 사용했다. 나일강 주변에 흔히 자라는 '파피루스'라는 풀로 커다란 두루마리를 만들어 사용한 것.

파피루스로 만든 종이의 이름 역시 파피루스! 이는 '페이퍼(paper)'의 어원이기도 하다.

① 파피루스 줄기를 얇게 자른다.

② 자른 것을 잘 펴준다.

③ 열심히 두들긴다.

④ 잘 말리면 종이 완성!

특히 헨리 린드가 발견한 '린드 파피루스'에는 87개의 수학 문제가 적혀 있다.

이집트 사람들도 수학 문제집을 풀었던 것일까…?

호루스의 눈

1-2 이집트

태양의 신 호루스는 악의 신 세트와 전쟁 중 세트에게 한쪽 눈이 여섯 조각으로 찢겨 버렸다.

이후 지혜의 신이 회복시켜 주었는데, 그래서인지 호루스의 눈은 회복과 보호의 힘이 있다고….

여기서 잠깐!

호루스의 눈은 모두 여섯 조각으로 각 부분은 분수를 의미한다.

어부들은 호루스의 눈을 뱃머리에 그려 넣으면 강력한 보호의 힘을 발휘한다고 믿었다.

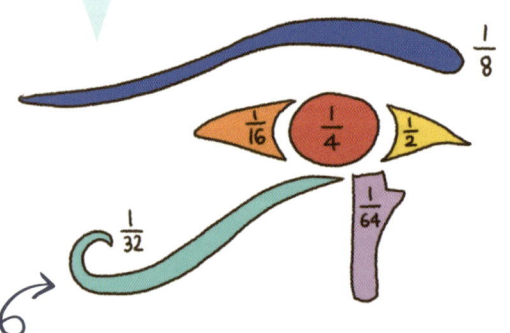

위의 분수를 다 더하면 $\frac{63}{64}$ 으로 온전한 1이 되지 않는다. 세상에 완벽한 건 없다는 의미일까?

단위 분수

분자가 1인 분수. 이집트인들은 단위 분수만 사용했는데, 예외적으로 $\frac{2}{3}$ 만은 단위 분수가 아니지만 자주 사용하였다.

1-3 진법의 세계

10개의 숫자

전 세계 대부분이 0에서 9까지 10개의 숫자를 사용한다.

그 이유는 바로 우리의 손가락이 10개이기 때문!

진법
몇 개의 기본 숫자를 사용하여 수를 나타내는 방법. 10진법은 0에서 9까지 10개의 숫자를 사용함.

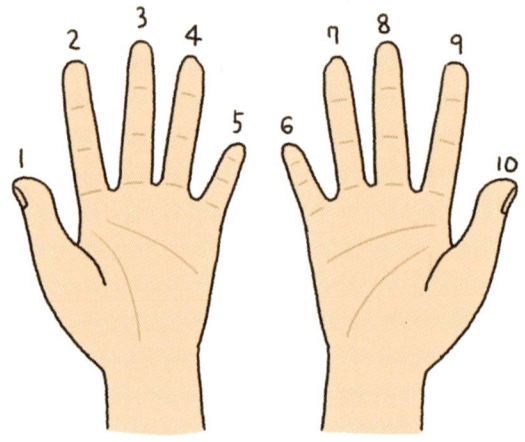

숫자를 뜻하는 단어 '디지트(Digit)'는 손가락을 의미하는 라틴어 '디지투스(Digitus)'에서 유래.

10개의 숫자를 사용하지 않는 사람들도 있다.

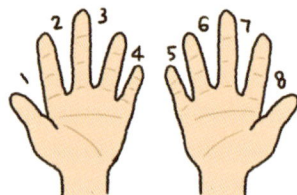

캘리포니아의 유키족은 독특하게도 손가락 사이 공간으로 숫자를 세었다.

파푸아뉴기니의 원주민들은 신체를 이용해 한 번에 27까지 셀 수 있다.

12개의 숫자를 사용한 고대인들은 손가락이 12개였을까?

 **한 번 보면 절대 잊지 않는 로마 숫자 쓰는 법**

고대 로마 숫자는 아라비아 숫자에 밀려 지금은 거의 사용하지 않지만 아직도 시계나 책의 목차 등에서 종종 볼 수 있다.

로마 숫자 쓰는 법

언뜻 복잡해 보이지만 실용성을 중시하는 로마인들이 만들어서 그런지 원리를 알면 생각보다 쉽다. <mark>손가락을 펴면서 따라해 보자.</mark>

5는 손가락 다섯 개를 오므려 만든 V 모양

10은 V(5) 두 개를 붙인 모양

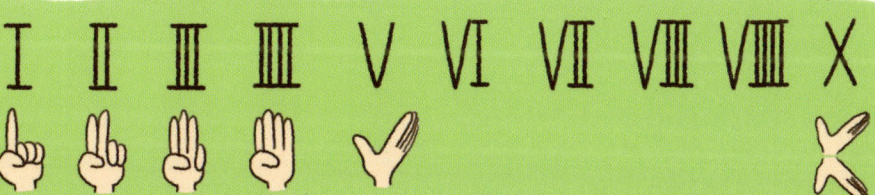

하지만 로마인들에게 IIII(4)와 VIIII(9)는 쓰기 귀찮은 숫자. 이 두 숫자를 살짝 바꾸어 최종적으로 이렇게 쓴다.

5보다 한 칸 왼쪽의 수

10보다 한 칸 왼쪽의 수

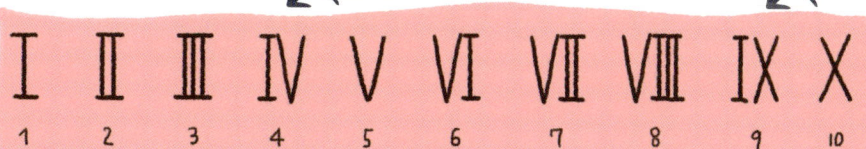

1-3 진법의 세계

12에 대하여

시간과 가장 관련 깊은 숫자는 단연 '12'!

그 이유는 지구가 태양을 한 바퀴 도는 동안 달이 12번 차고 기울기 때문.

12진법
12개의 숫자를 한 묶음으로 하여 숫자를 기록하는 방식으로 시간, 각도 등에 사용함.

1년 = 12달
오전과 오후 = 각 12시간

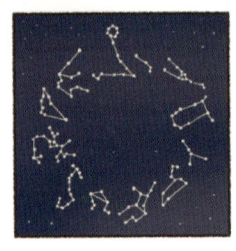

별자리도 모두 12개다. 이것이 '황도 12궁'.

쥐띠   소띠   호랑이띠   부엉이띠
난 왜 빼냐!

한편 동양에서는 12마리 동물로 띠를 나타낸다.

12는 완전함을 상징하는 숫자이다!

올림포스 12신들의 모임

세상에서 가장 완벽한 존재, 그리스 로마 신화 속 신은 12명!

유럽기에 있는 12개의 금색별 역시 완전한 유럽을 상징.

하지만 실제 유럽 연합은 12개국을 훨씬 넘는 27개국.

영국은 최근까지 12진법을 사용했다?

영국은 최근까지도 12진법을 사용했다. 영국 단위를 살펴보면 알 수 있다.

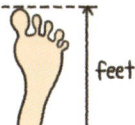

12인치 = 1피트

12펜스 = 1실링

12온스 = 1파운드

영국 작가 스위프트가 쓴 〈걸리버 여행기〉에서 소인국 사람들은 걸리버에게 1728인분의 밥을 먹였다. 왜 하필 1728일까?

걸리버 키가 소인국 사람보다 12배 크므로, 몸의 부피는 12 × 12 × 12 = 1728로 계산!

그 외에도 많은 곳에 12진법의 흔적이 남아있다.

연필은 12개가 1묶음으로 '타(또는 다스)'라고 하지만 정확히는 '더즌(dozen)'.

one(1), two(2), ... eleven(11), twelve(12), thirteen(13), fourteen(14), fifteen(15) ...

영국인들은 1~12를 한 묶음으로 생각했기에 12까지는 고유의 숫자 단어로, 13부터는 '-teen(틴)'을 붙여 나타낸다.

29

1-3 진법의 세계
시계

인류 최초의 시계는 바로 그림자!

원시인들도 나무나 돌의 그림자가 움직이는 것을 보고 시간이 지남을 알아챘을 것.

고대 이집트의 거대 석탑 '오벨리스크'!

태양신을 상징하는 탑이자 그림자로 시간을 알려 주는 시계이기도 하다.

오전, 오후
= 각 12시간

'분'과 '초'
1시간 = 60분
1분 = 60초

12진법과 60진법이 섞여 있다!

시계 방향은 어떻게 정해진 걸까?

북반구에서 해시계의 그림자가 움직이는 방향을 본떠서 기계식 시계의 '시계 방향'을 정했다는 설이 유력.

여러 가지 형태의 시계

모래시계

물시계

양초 알람 시계

못이 떨어져 철판을 치면 시끄러운 소리가 난다.

못이 여러 개인 걸 보니 옛날 사람들도 한 번에 잠을 깨는 건 어려웠을까?!

 ## 어떤 시계를 사용했을까?

이집트 사람들은 아주 오래전부터 해시계를 사용해 왔다. ==하지만 태양이 없을 땐 사용 불가!==

해시계의 단점은 물시계로 보완할 수 있다. 그릇에 물을 담아 시간을 측정하는 물시계는 밤이나 비 오는 날에도 사용 가능.

16세기에는 ==세계 최초로 휴대용 시계가== 발명되었는데, 그 별명은 '==달걀=='이었다!

한편 우리나라에서는 세종대왕의 명으로 장영실이 해시계와 물시계를 만들었다.

해시계
앙부일구

시간이 되면 저절로 종을 울리는 물시계
자격루

1-3 진법의 세계

외계로 보낸 편지

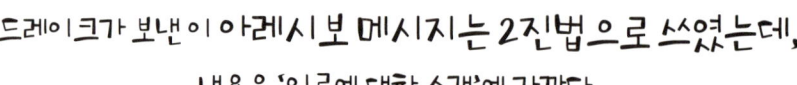

1974년, 우주로 전파를 쏘아 올렸다.
인류가 처음으로 외계인에게 메시지를 보낸 것!

드레이크가 보낸 이 아레시보 메시지는 2진법으로 쓰였는데,
내용은 '인류에 대한 소개'에 가깝다.

2진법
0과 1 두 개의 숫자만으로 수를 표현하는 방법. 우리가 사용하는 스마트폰 뿐만 아니라 모든 컴퓨터는 2진법을 사용한다.

2진법과 비슷한 **'모스 부호'**는 짧은 전류와 긴 전류로 모든 알파벳을 표현한다.

- 인류가 사용하는 수 체계 (1~10까지의 숫자)
- 인간의 몸을 구성하는 원자 및 DNA 구조
- DNA 이중 나선
- 인간의 키와 모습, 당시 전 세계 인구 수
- 태양계와 아레시보 전파 망원경의 모습

SOS
뚜뚜뚜 뚜-뚜-뚜- 뚜뚜뚜
모스 부호 SOS 정도는 알아 두자!
위급한 상황에서 벗어날 수 있을지도?

우리는 과연 외계인의 답장을 받을 수 있을까?

 **바코드의 원리는 무엇일까?**

편의점이나 마트에서 물건을 계산할 때 바코드 찍는 모습을 한 번쯤은 본 적 있을 것이다.

바로 이 바코드는 2진법의 원리로 만들어졌다.

상품에 대한 여러 가지 정보를 담고 있는 바코드는 **검은색 줄이 0, 흰색 줄이 1**을 의미한다.

검은색 줄이 글자일 것 같지만 사실은 흰색 바탕이 글자인 것!

바코드가 진화한 것이 'QR 코드'. 원리는 바코드와 같지만 담을 수 있는 정보량은 훨씬 많다.

아르키메데스

1-4 만화로 보는 수학자 이야기

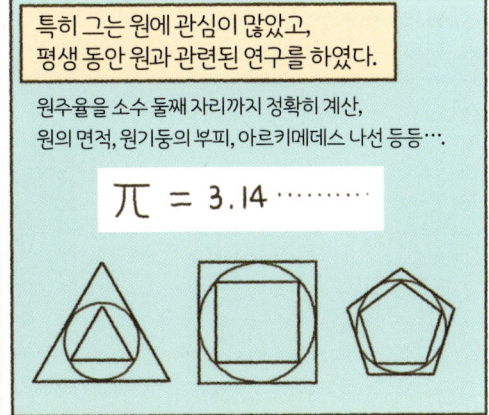

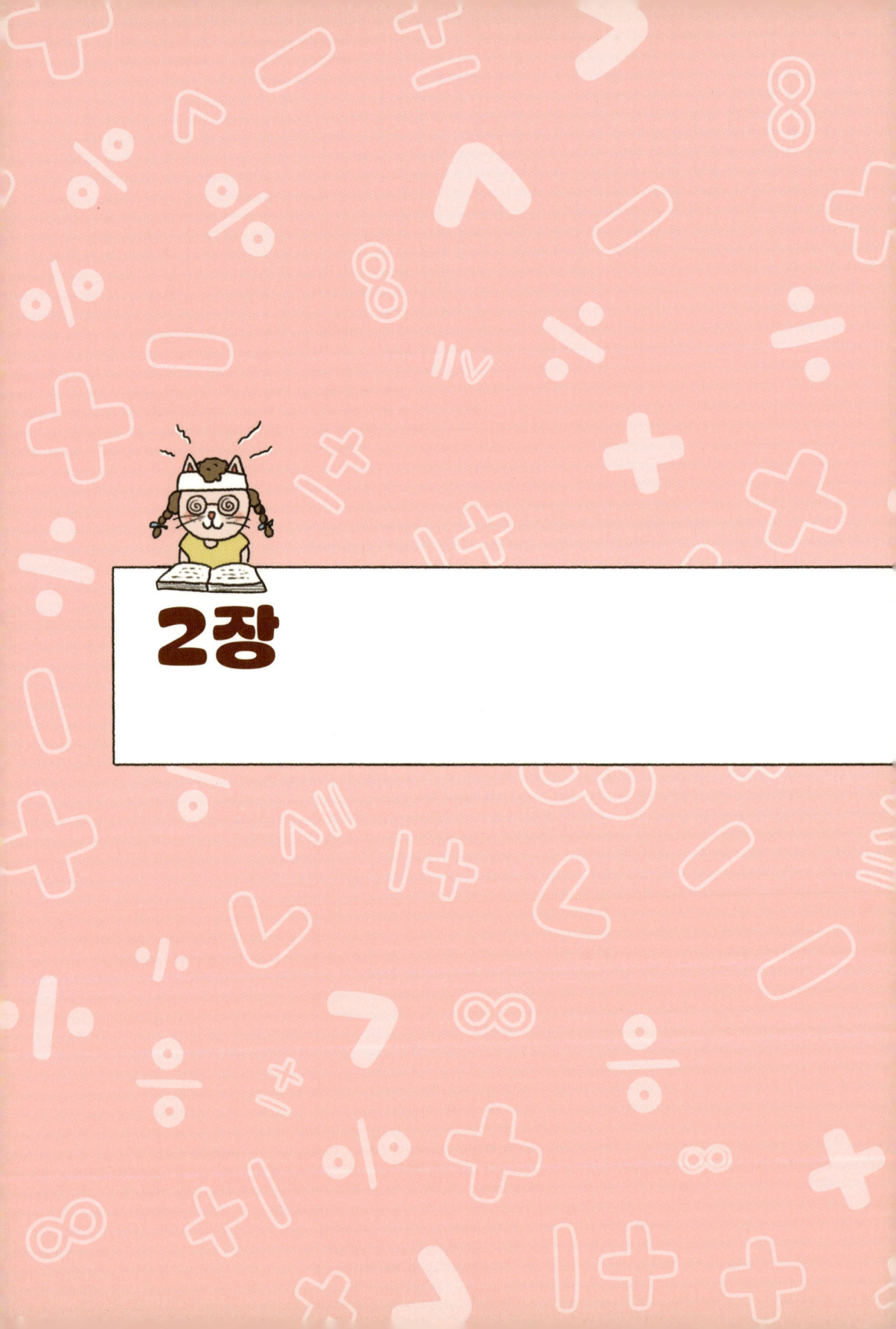

2장

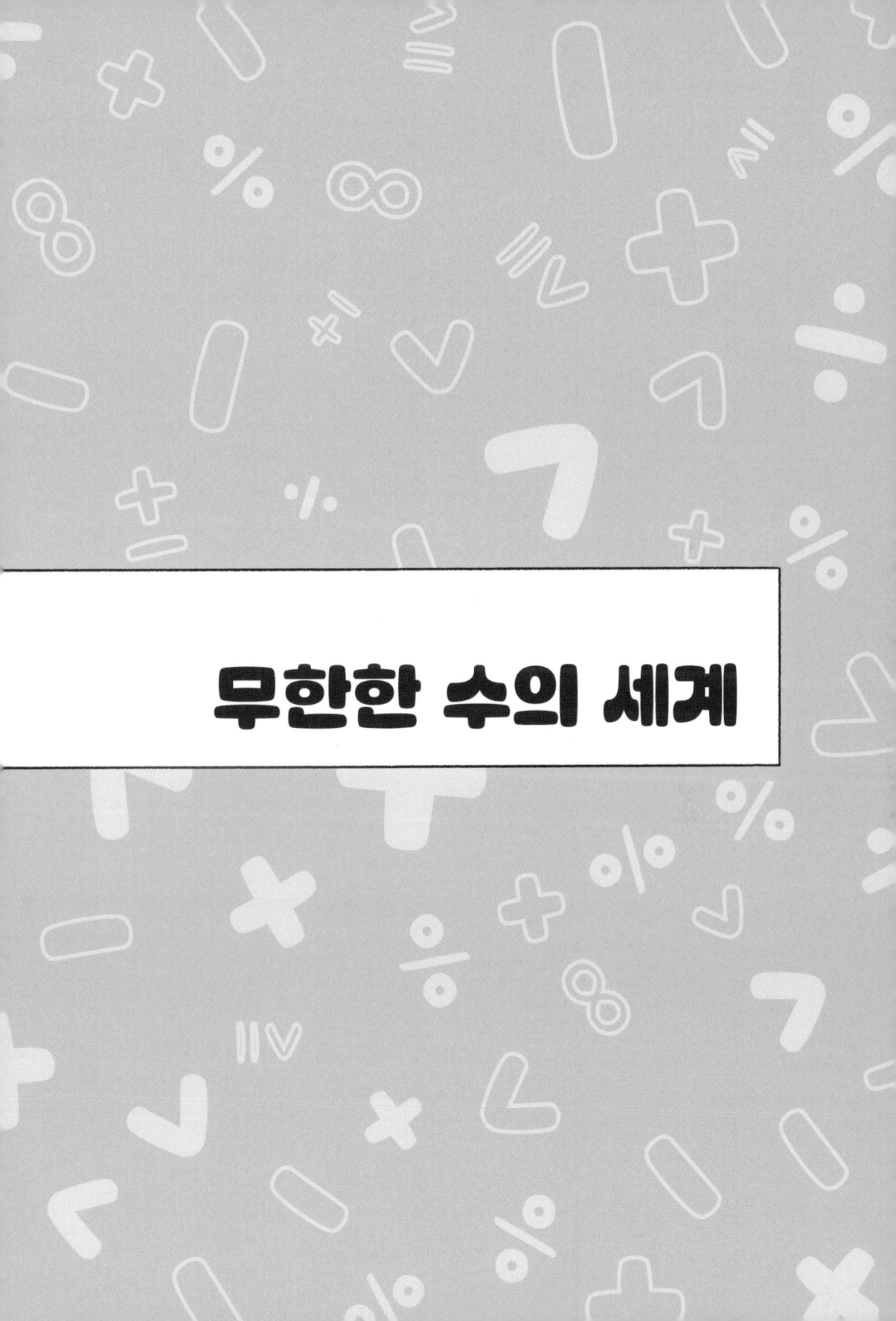

무한한 수의 세계

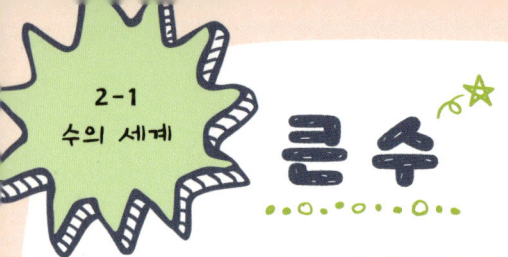

2-1 수의 세계 — 큰 수

우주를 모래알로 채우면 몇 알이나 들어갈까…?

놀랍게도 그걸 계산한 수학자가 있다!

아르키메데스가 쓴 <모래알을 세는 사람>에서 우주를 채우는 데 필요한 모래알은 8×10^{63} 개를 넘지 않을 거라고 추정. (물론 실제 우주는 이보다 훨씬 크다.)

아르키메데스는 제아무리 큰 수라도 세거나 계산할 수 있음을 보여 주었다!

<큰 수를 부르는 이름들>

만, 억, 조, 경, 해, 자, 양, 구, 간, 정, 재, 극, 항하사, 아승기, 나유타, 불가사의, 무량대수.

'항하사'는 인도 갠지스강의 모래알 수만큼 많다는 뜻.

한편 큰 수를 뜻하는 순우리말도 있다.

- **온** — 백(100)을 뜻하며, '온누리', '온갖' 등으로 사용.
- **골** — 만(10000)을 뜻하며, '골백번'은 여러 번을 강조하는 말.
- **잘** — 억(100000000)을 뜻하며, '억수로 잘한다'와 같은 사투리에 그 흔적이 남아있음.

기상천외하게 큰 수들이 있다?

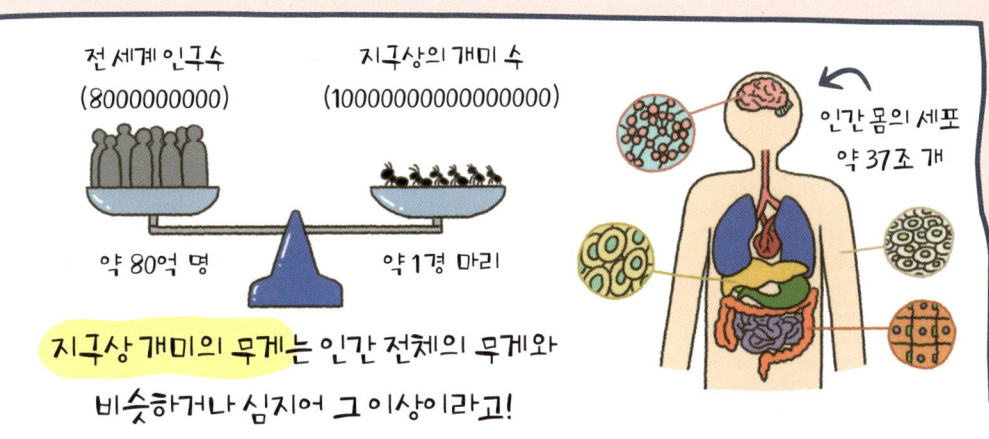

전 세계 인구수 (8000000000)
약 80억 명

지구상의 개미 수 (10000000000000000)
약 1경 마리

인간 몸의 세포 약 37조 개

지구상 개미의 무게는 인간 전체의 무게와 비슷하거나 심지어 그 이상이라고!

구골 10000000000000000000000000000000000000000000000000000000000000000000000000000000000000000000000000000

'구골'이라는 이름은 바로 구골(Googol)에서 따온 것!

(1 뒤에 0이 무려 100개!)
이 거대한 수는 미국의 수학자 에드워드 카스너의 9살짜리 조카가 만들었다!

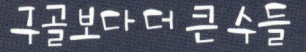

구골보다 더 큰 수들

빅맥

'빅맥'이라는 이름의 큰 수도 있다. 인위적으로 만든 거대한 수로 더 큰 수인 '와퍼'도 있다.

그레이엄 수 G(64)

수학적 의미를 갖는 가장 큰 수로 기네스북에 올랐다.

오류 수 빅풋
잘 정의된 수도 있지만 이후에 오류로 밝혀진 수도 있으니 주의!

2-1 수의 세계

무한(∞)

무한도 계산할 수 있을까?

정답은 YES!
힐베르트의 무한 호텔에선 충분히 가능!

무한 호텔에는 무한개의 방이 있다.
따라서 무한명의 손님 모두 호텔방에 들어갈 수 있다!

무한 호텔에 오신걸 환영합니다!

무한 + 1 = 무한

만약 손님이 1명 더 오면?
▶ 모든 손님이 옆방으로 옮기고, 새로운 손님을 받으면 된다.

무한 + 무한 = 무한

만약 무한명의 손님이 더 오면?
▶ 모든 손님이 자기 방 번호에 2를 곱한 번호의 방으로 옮기고, 홀수 번호 방에 새로운 손님을 받으면 된다.

그럼 최초로 무한대(∞) 기호를 만든 사람은?

1655년, 영국의 수학자 월리스가 〈무한산술〉에서 처음 사용했는데, 여기에는 두 가지 설이 있다.

ω
↑ 그리스 알파벳의 가장 마지막 글자 오메가(ω)에서 유래했다는 설.

1000을 나타내는 로마 숫자(ↀ)를 참고했다는 설.

무한은 셀 수 있다? 없다?

무한을 세는 수학자

무한을 셀 수 있을까?
위대한 수학자들조차도 ==무한은 셀 수 없다고 생각했다.==
하지만 칸토어는 연구를 통해 무한도 셀 수 있으며,
심지어 큰 무한과 작은 무한이 있음을 밝혔다.

수학계의 왕따

칸토어의 주장은 그 당시에
받아들이기가 어려웠다.
심지어 그의 스승마저 맹렬히
비난했을 정도!

==시대를 너무 앞서 나간 탓일까…?==
그의 말년은 정신병과 굶주림으로
힘들었다고 전해진다.
너무나도 앞서 나간 그의 연구는
후에 힐베르트 등 후배 수학자들에 의해
위대한 업적으로 인정받게 된다.

2-1 수의 세계
아킬레스와 거북

세상에서 가장 빠른 인간 아킬레스는 앞서 출발한 거북을 따라잡을 수 있을까?

고대 그리스의 철학자 제논은 절대로 따라잡을 수 없다고 했다.

우리야 우리…
음…

아킬레스가 이동하는 동안 거북도 조금씩 앞으로 가기 때문에 아킬레스는 항상 미세하게 거북에게 뒤쳐진다!

아킬레스 / 폭주거북

실제로는 말도 안 되는 소리!

역설
얼핏 보면 문제가 없어 보이지만, 논리적으로 이치에 맞지 않는 결론이나 전혀 예상치 못했던 결론이 나오는 상황.

하지만 '무한'에 대해 잘 몰랐던 당시 사람들은 제논의 말을 반박할 수 없었다.

제논의 역설 시리즈는 몇 개 더 있다.

새겨 들어!

화살은 절대로 과녁에 도달하지 못한다.

사람은 절대 결승선을 통과할 수 없다.

역설을 단순한 헛소리로 취급하지 말 것!

(의외로 생각할 거리를 많이 던져 준다.)

피노키오의 말은 참인가 거짓인가?

피노키오의 역설

피노키오의 코는 거짓말을 하면 길어진다고 한다.
만약 피노키오가
'나는 지금 거짓말을 하고 있다'고 말하면,
과연 피노키오의 코는 길어질까?
아니면 그대로일까?

테세우스의 배 역설

테세우스의 배가 낡아서 조금씩
고치다 보니 모두 바뀌었다면,
그 배는 테세우스의 배라고 할 수 있을까?

전능자의 역설

모든 게 가능한 신이
아무도 들 수 없는 바위를 만들었다.
신은 과연 그 바위를 들 수 있을까?

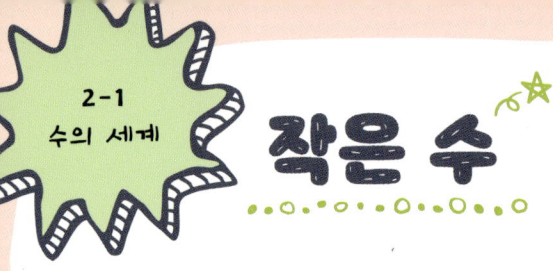

2-1 수의 세계 — 작은 수

세상에서 가장 작은 수는 무엇일까? (물론 0보다는 큰 수 중에서)

작은 수는 보통 분수나 소수로 나타낸다.

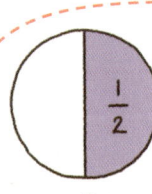

1. 분수

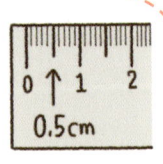

2. 소수

작은 수를 나타내는 단위 '나노(10^{-9})'는 난쟁이를 뜻하는 '나노스'에서 유래.

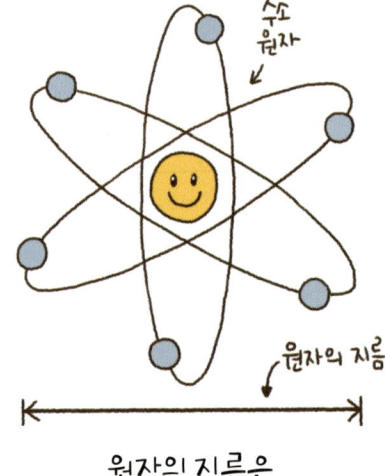

수소 원자

원자의 지름

원자의 지름은 약 0.0000000001m로 아주 작다!

'피코(10^{-12})'는 새의 부리라는 뜻.

〈작은 수들의 이름〉

분, 리, 모, 사, 홀, 미, 섬, 사, 진, 애, 묘, 막, 모호, 준순, 수유, (순식), 탄지, (찰나), 육덕, 허공, 청정

'순식간'에서 '순식'은 10^{-16} (0.0000000000000001)으로 '아주 짧은 시간'을 의미.

'찰나' 역시 '극히 짧은 시간'을 의미(10^{-18}로 '순식'보다 작음).

 **'이것'보다 작은 것은 존재할 수 없다고?**

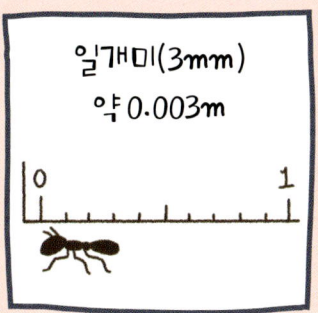

일개미(3mm)
약 0.003m

눈부신 나의 머릿결~후훗!
머리카락(100μm)
약 0.0001m

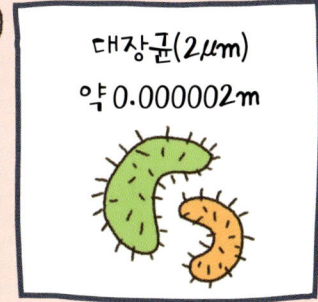

대장균(2μm)
약 0.000002m

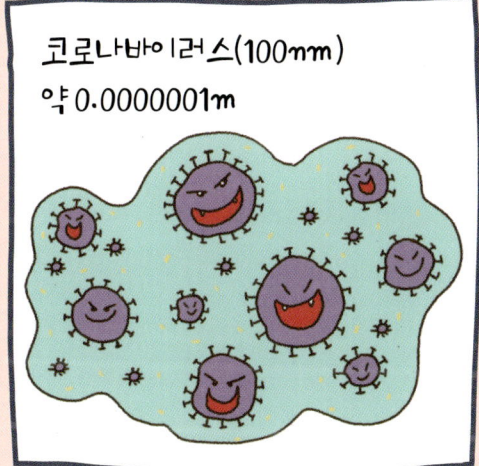

코로나바이러스(100nm)
약 0.0000001m

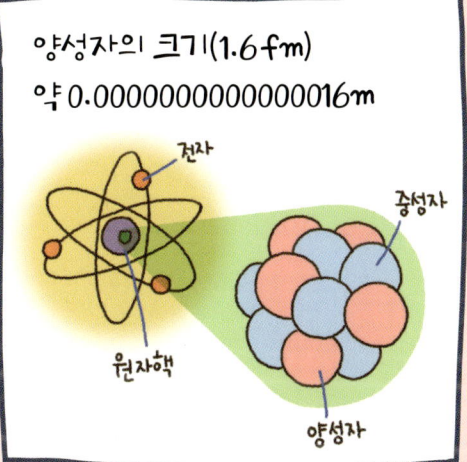

양성자의 크기(1.6fm)
약 0.0000000000000016m

전자, 중성자, 원자핵, 양성자

플랑크 길이(1.6×10^{-35}m)
약 0.00000000000000000000000000000000016m

더 이상 쪼갤 수 없는 최소 단위라는 점에서 '픽셀'과 비슷할지도…?

플랑크 길이는 우주의 최소 단위.
이보다 짧은 길이는
이론상 존재할 수 없다.

2-2 여러 가지 수
소수

소수는 더 이상 쪼개지지 않는 수.
그런 점에서 **원자와 소수는 닮은 점이 많다.**
즉 소수는 '수의 원자'!

25 Mn 망가니즈	26 Fe 철	27 Co 코발트	28 Ni 니켈
43 Tc 테크네튬	44 Ru 루테늄	45 Rh 로듐	46 Pd 팔라듐
75 Re 레늄	76 Os 오스뮴	77 Ir 이리듐	78 Pt 백금

2	3	5	7	11
13	17	19	23	29
31	37	41	43	47
53	59	61	67	...

모든 물질은 원자로 이루어져 있다.
—파인만—

VS

모든 수는 소수로 이루어져 있다.
—유클리드—

┌─────────────────────────────────┐
│ **소수(Prime number)**
│ ○ 1보다 큰 자연수 중 1과 자신만을 약수로 가지는 수.
│ ○ 2, 3, 5, 7, 11, 13 등이 있다.
│ ○ 0.01과 같은 소수(Decimal)와 다르니 주의!
└─────────────────────────────────┘

북한에서는 소수를 '씨수'라고 한다.

한편 소수를 이용하는 곤충도 있다!

미국의 숲에 사는 매미들은 대부분 13년, 17년 등 소수 주기로 태어난다. 이는 천적과 만날 확률을 줄이기 위해서라고···.

세상 모든 암호를 풀 수 있는 방법이 있다?

세상에서 가장 어려운 문제

소수 사이에 뭔가 규칙이 있을까? 옛날부터 수많은 학자들이 소수 사이의 규칙을 찾으려 했지만 대실패!

따라서 소수로 암호를 만들면 푸는 것이 매우 힘들다.

소수의 규칙을 찾으려다가 미쳐버린 수학자도 있다고….

소수로 만든 암호

전 세계 은행, 신용 카드는 소수로 만들어진 RSA 암호를 사용 중!

누군가 소수의 규칙을 밝히면 **세상 모든 암호를 풀 수 있을지도?!**

양자 컴퓨터로 해결?

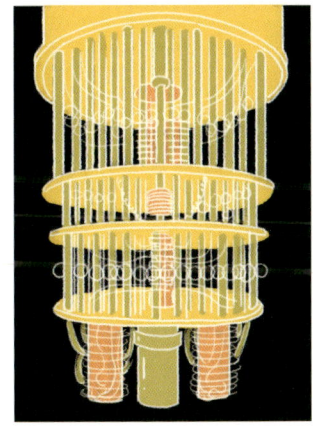

소수의 규칙을 몰라도 계산 속도가 아주 빠르다면 많은 암호를 풀 수 있다. 양자 컴퓨터는 **슈퍼컴퓨터가 1만 년 계산할 문제를 단 200초 만에 해결할 만큼** 빠르다고 하니 기대해 볼 만도 하다.

2-2 여러 가지 수
대칭수

반으로 접었을 때 똑같으면 '대칭'!

대칭에도 여러 종류가 있다.

선을 중심으로 양쪽이 똑같은 모양이면 **'선대칭'**.

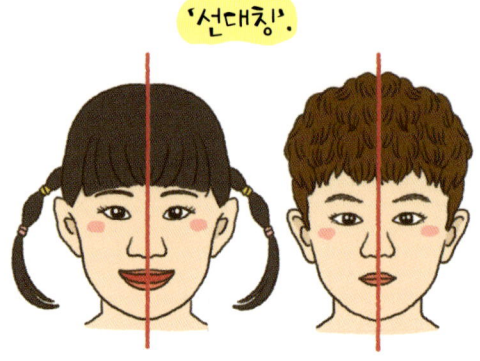

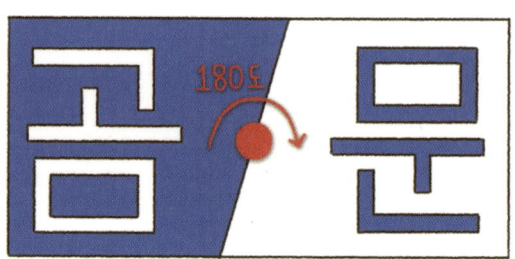

점을 중심으로 180° 돌렸을 때 완전히 겹쳐지면 **'점대칭'**.

한편 대칭이 되는 숫자도 있다!

대칭수(혹은 회문수)는 거꾸로 읽어도 같은 수.

책을 거꾸로 보세요.

$1^2 = 1$
$11^2 = 121$
$111^2 = 12321$
$1111^2 = 1234321$
$11111^2 = 123454321$
$111111^2 = 12345654321$
$1111111^2 = 1234567654321$
$11111111^2 = 123456787654321$
$111111111^2 = 12345678987654321$
$1111111111^2 = 1234567900987654321$

점대칭이 되는 식도 있다.

$$61-(8+8+8+8+8) = (8+8+8+8+8)-19$$

책을 180° 뒤집어 보아도 똑같다.

Q 거꾸로 읽어도 똑같은 수?

데칼코마니 같은 수 11

11은 거듭해서 곱하면 신기하게도 대칭수가 나온다.

$11^1 = 11$
$11^2 = 121$
$11^3 = 1331$
$11^4 = 14641$

팰린드롬

대칭이 되는 문장도 있다.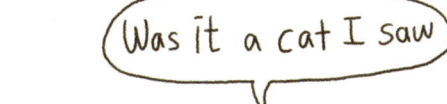
거꾸로 읽어도 똑같은 문장을 '팰린드롬'이라 한다.

다시 합시다
다들 잠들다
여보 안경 안 보여
아 좋다 좋아
수박이 박수

앰비그램

180° 돌려 보아도 같은 단어로 읽히거나 혹은 또 다른 단어로 읽힐 수 있게 만든 디자인을 '앰비그램'이라 한다.

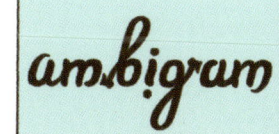 

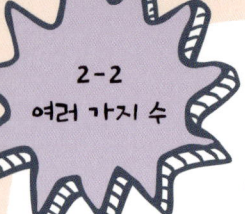

2-2 여러 가지 수

피보나치수

빈칸에 들어갈 수는 무엇일까?

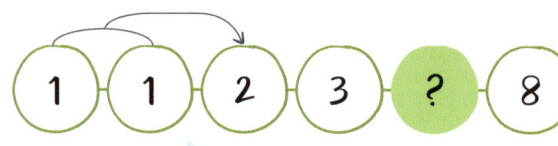

정답을 맞혔다면 천재일지도?!

앞의 두 수를 더하면 그다음 수가 나오는데, 이게 바로 '피보나치수'다.

피보나치수로 사각형을 만들고, 그 안에 회전하는 곡선을 그리면 '황금 나선'이 된다.

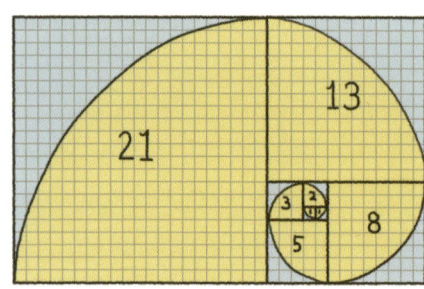

↑ 앵무조개와 얼핏 닮았으나 분명히 다르다!

나랑 딱히 닮은 것 같진 않은데?

피보나치의 《산반서》에 소개된 토끼 번식 문제.

QUIZ

5개월 후 토끼는 과연 몇 쌍이 될까?

정답은 8쌍

피보나치수 규칙대로 늘어나는 토끼

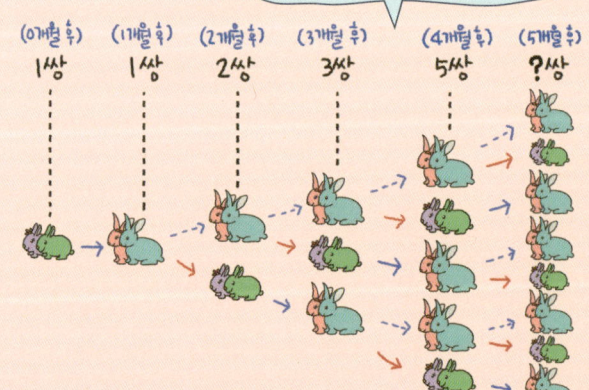

나뭇가지가 자라는 데도 규칙이 있다?

나뭇가지는 마음대로 자라는 것처럼 보이지만 사실은 피보나치수의 순서대로 자란다.

솔방울이나 해바라기 나선의 수도 피보나치수를 따른다.

꽃잎 개수도 피보나치수인 경우가 많은데, 가장 효율적으로 암술과 수술을 보호하기 위해서라고 한다.

놀랍게도 파인애플 껍질도 피보나치수를 따른다!
1번 줄과 2번 줄의 육각형 수를 합하면 3번 줄의 개수와 같다.
→ 8+13=21

2-2 여러 가지 수

도형수

피타고라스는 우주 만물이 수로 이루어져 있다고 생각했다.

도형을 숫자와 연결지어 표현한 것이 바로 '도형수'!

> **피타고라스 (BC.570년경)**
> 고대 그리스의 수학자이자 철학자. 업적이 매우 방대하나 그중에서 '피타고라스의 정리'가 가장 유명.

(수학적으로) 아름답군.

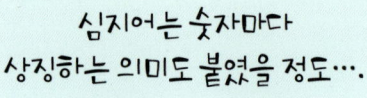
심지어는 숫자마다 상징하는 의미도 붙였을 정도….

숫자 2 → 남자   숫자 3 → 여자

숫자 5 → 남녀가 결혼하는 모습
(2+3이므로)

정삼각형 모양으로 수를 표현한 '삼각수'뿐만 아니라 '사각수'나 '오각수'도 만들 수 있다.

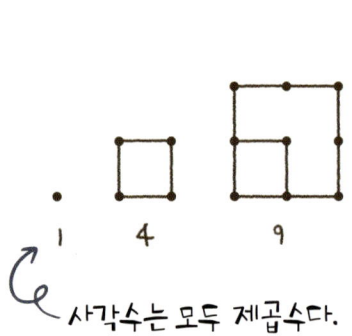
1 4 9 16
사각수는 모두 제곱수다.

오각수는 '홀수 - 홀수 - 짝수 - 짝수'의 순서로 이어진다.

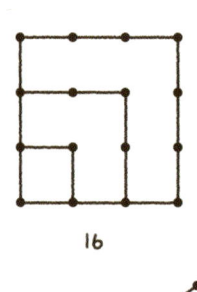  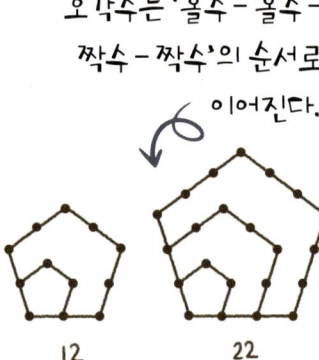
1   5   12   22

Q. 숫자 때문에 일어난 '지중해 살인 사건'?

피타고라스 학파는 '수'를 신처럼 받들었다. 그중에서도 숫자로 정확히 나타낼 수 있는 '유리수'만을 숭배했다.

* **유리수** 두 정수의 비로 나타낼 수 있는 수. 자연수, 분수 등이 해당된다.

피타고라스 제자 히파수스는 '무리수'라는 새로운 수를 발견!

피타고라스의 제자들은 이 사실을 입막음하고자….

* **무리수** 두 정수의 비로 나타낼 수 없는 수.

히파수스를 지중해 바다에 빠뜨려 죽였다고 한다.

하지만 진실을 영원히 숨길 수는 없는 법. 이후 무리수에 대한 연구로 무리수가 실제로 존재함이 밝혀졌다.

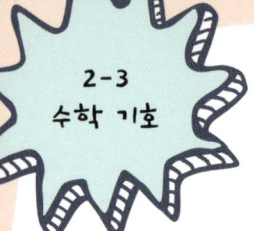

수학 기호

덧셈(+)

이탈리아 수학자 피보나치가 '7 더하기 8'을 '7 et 8'로 표현. 이후 라틴어 'et'을 빨리 쓰는 과정에서 탄생.

뺄셈(−)

1489년 비드만이 '부족하다'를 뜻하는 라틴어 'minus'의 약자 'm'을 흘려 쓰다가 만들어졌다고 한다.

선원이 물통의 물을 체크하기 위해 '−' 표시를 한 데서 유래했다는 설도 있음.

등호(=)

1557년 로버트 레코드가 쓴 〈지혜의 숫돌〉이라는 책에 처음 등장. '평행한 두 선만큼 같은 것은 없다'는 뜻으로 사용.

QUIZ

문제 2 + 2 × 2 = ?

□ 8 □ 6

★사칙연산 계산 순서는 다음과 같다.
① 괄호( ) → ② ×, ÷ → ③ +, −

정답 9

계산 순서는 약속이기 때문에 반드시 지켜야 한다. 만약 계산 순서를 바꾸고 싶다면 괄호를 사용.

수학 기호는 대체 누가 만든 걸까?

곱셈(×)

1631년 영국의 수학자 오트레드가 〈수학의 열쇠〉라는 책에서 처음으로 사용. 하지만 미지수 'x'와 모양이 비슷해 처음에는 잘 받아들여지지 않았다고 한다.

↑ 영국 국기 모양과도 비슷한 듯...?

나눗셈(÷)

1659년 스위스의 수학자 란이 지은 〈대수학〉 책에서 처음 사용. <mark>나눗셈을 분수로 나타낼 때의 모양</mark>에서 나온 것이라는 설이 있다.

부등호(>, <)

<mark>어느 쪽의 수가 더 큰지</mark> 나타내는 기호. 1631년 영국의 수학자 해리엇이 쓴 책에 현재 사용하고 있는 '>', '<'과 같은 모양이 처음 등장했다.

더 큰 걸 먹는다고...!

2-3 수학 기호: 길이 단위

세상에서 제일 거대한 나무 '셔먼 장군'?

셔먼 장군 나무 지름
= 기린 2마리 (약 11m)

나무의 높이
=
브라키오사우루스
6마리 (약 84m)

사실 제일 높은 나무는 따로 있다.

하이페리온의 높이는 약 115m로 자유의 여신상보다 더 높다.

길이를 재는 기본 단위는 '미터(m)'이다.

'잰다'는 뜻의 그리스어 '메트론'에서 유래.

길이란 한끝에서 다른 끝까지의 거리!

1m길이의 줄자

기본 단위는 미터(m)를 사용해.

처음에는 지구의 둘레를 기준으로 1m를 정했으나···

자오선

정확히 재기도 어렵고, 심지어 조금씩 변한다!

현재는 절대 변하지 않는 빛의 속도를 기준으로 1m를 다시 정했어!

슝!

여러 가지 길이의 단위들

미터(m)에 접두어를 붙여 크고 작은 길이 단위를 만들 수 있다.

피코미터(pm) → 1/1,000,000,000,000 m
나노미터(nm) → 1/1,000,000,000 m
마이크로미터(μm) → 1,000,000 m
밀리미터(mm) → 1/1,000 m
센티미터(cm) → 1/100 m
미터(m) → 1 m
킬로미터(km) → 1,000 m
메가미터(Mm) → 1,000,000 m
기가미터(Gm) → 1,000,000,000 m
테라미터(Tm) → 1,000,000,000,000 m

큰 수를 나타내는 접두어들의 뜻은 다음과 같다.

테라(Tera)
괴물을 뜻하는 '테라스'에서 유래.

기가(Giga)
거인을 뜻하는 '기간테스'에서 유래.

메가(Mega)
'크다'는 뜻의 '메가스'에서 유래.

메가마우스 상어: 입이 큼

한편 천문학에서 사용하는 거리의 단위로 '광년(光年)'이 있다.

1광년은 진공 상태에서 빛이 1년 동안 이동한 거리.

1광년 = 약 9조 4600억 km

1광년을 비행기로 이동하려면 100만 년쯤 걸린다.

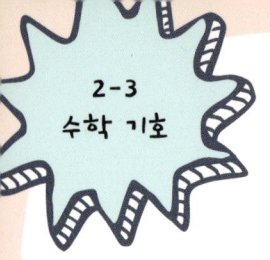

2-3 수학 기호
무게 단위

지구상 가장 무거운 동물은 단연 '대왕고래'!

몸무게가 무려 173t!

혀 무게(약 3t)는 코끼리 한 마리 정도….

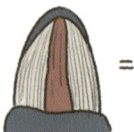 =

대왕고래 몸무게는 100kg 씨름 선수 1730명과 비슷!

단위
길이, 질량, 시간 등 어떤 양을 수치로 나타낼 때, 비교 기준이 되도록 크기를 정한 양.
미터(m), 그램(g), 초(s) 등이 있다.

바로 이 지구상 최대의 동물이 먹는 음식은?

다름 아닌 바다에서 가장 작은 동물 '크릴새우'라고 한다.

"불쌍하지도 않냐?!"

불과 1g도 채 안 됨

대왕고래는 하루에 크릴새우를 4t 가량 먹는다.
약 4,000,000마리쯤?!

'무게'는 지구가 물체를 잡아당기는 힘(중력)의 크기를 말한다. 따라서 지구보다 중력이 약한 달에서 몸무게를 재면 훨씬 가벼운데, 지구에서 60kg인 사람이 달에서는 약 10kg이 된다.

 자주 사용되는 무게 단위들

1g →(1000배)→ 1kg →(1000배)→ 1t
(그램)　　　　(킬로그램)　　　(톤)

 **단위를 헷갈리면 발생하는 일?**

1983년 7월 23일 몬트리올에서 에드먼턴으로 향하던 비행기가 공중에서 엔진이 멈추는 사고가 발생!

필요한 연료량을 kg 대신 파운드 단위로 착각하여 계산했고, 연료를 절반도 채우지 못하고 비행하다 공중에서 연료가 바닥난 것. 다행히도 노련한 조종사 덕에 안전히 착륙했다.

1리터 = 0.803 킬로그램
(L)   (kg)

1리터 = 1.77 파운드
(L)   (lb)

비행기 연료통
(kg 단위)

비슷한 일은 또다시 발생했다.
1999년 발사한 '화성 기후 관측 위성'은 발사 후 통신이 두절되었는데, 이로 인해 약 6억 달러의 손해를 보았다고···

이 역시 '뉴턴(N)' 대신 '파운드(lb)'로 단위를 헷갈려 문제가 생겼다고 하니, 단위가 얼마나 중요한지 새삼 느끼게 된다.

히파티아

2-4 만화로 보는 수학자 이야기

만화로 보는 수학자 이야기 ② _ 히파티아

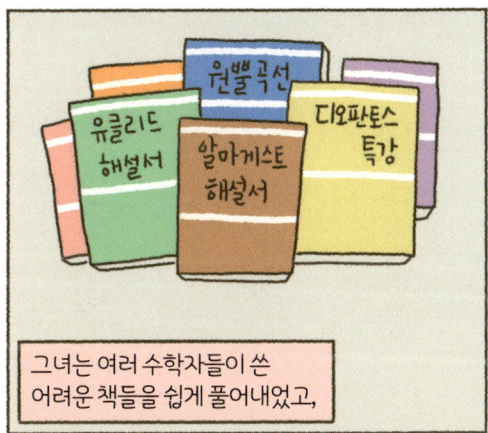

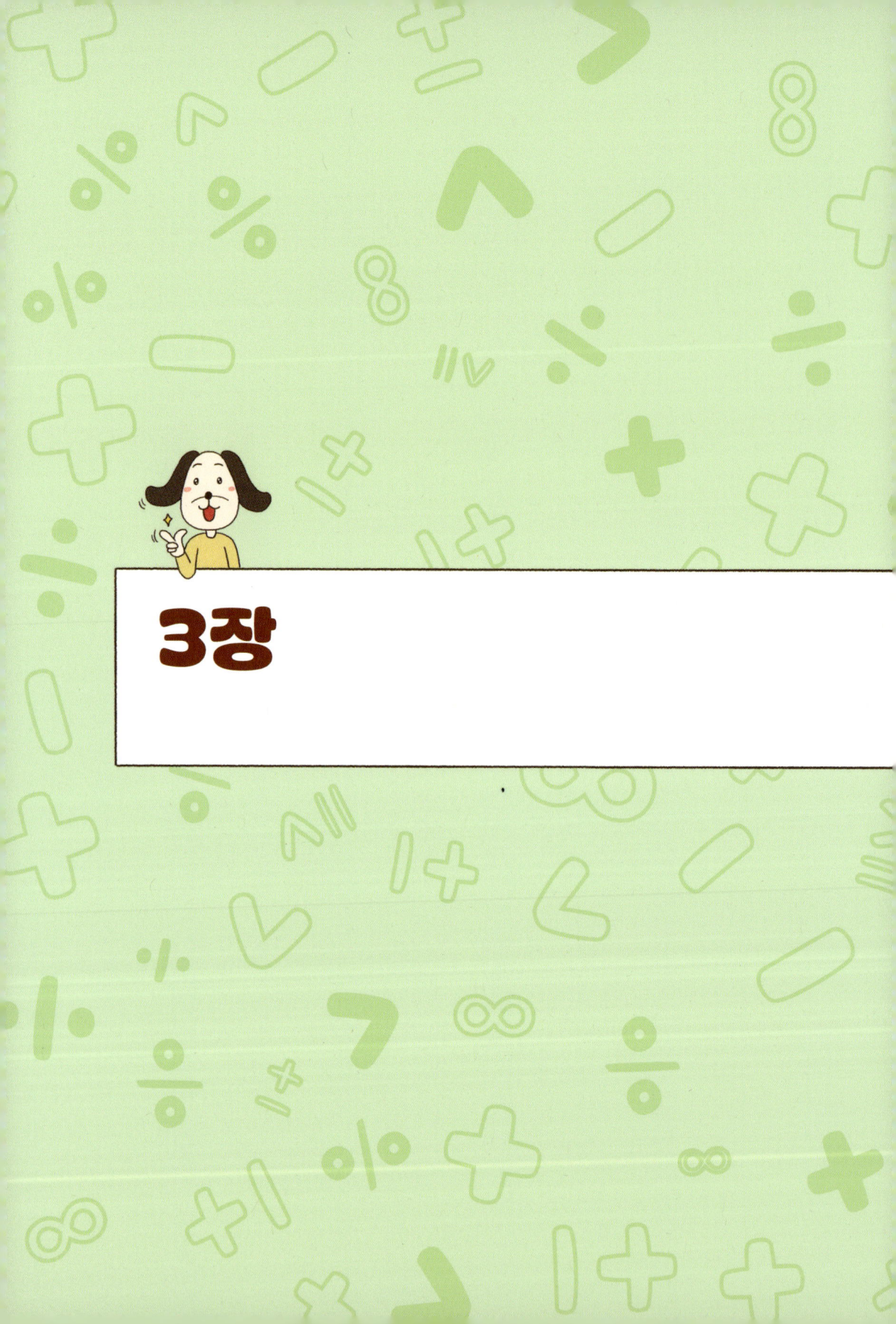

3장

우연과 확률

3-1 비율

황금비

세상에서 가장 아름다운 비율 '황금비'!

$$\frac{2}{1} \to \frac{3}{2} \to \frac{5}{3} \to \frac{8}{5} \cdots$$

피보나치수로 분수를 만들어 나가면 점점 황금비에 가까워진다.
자연의 어떤 비밀을 품고 있는 것일까?

피보나치수로 정사각형을 만들어 이어 붙이면 **'황금 직사각형'**이 만들어진다.

실제 로고 국기도 황금 직사각형!

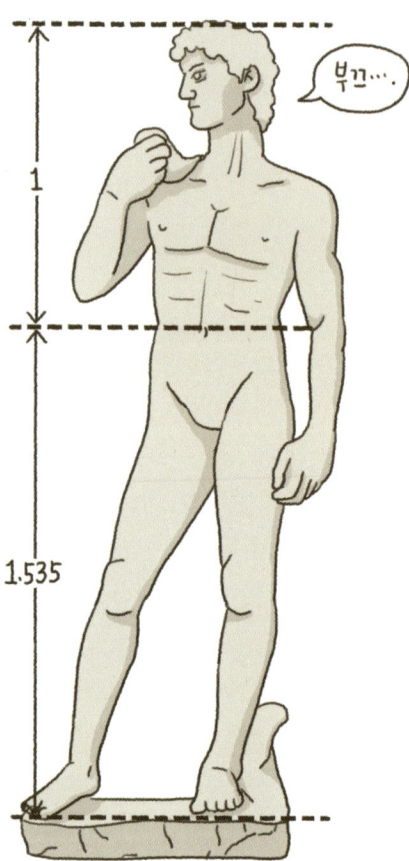

부끄…

황금 비율의 대명사 다비드. 실제로는 1 : 1.535로 **황금 비율** **이라기엔 약간 애매하다…!**

황금비
두 부분의 비가 약 1 : 1.618일 때 '황금비' 혹은 '황금 비율'이라고 한다. 기호로는 φ(phi)로 나타낸다.

정오각형의 꼭지점을 연결하여 만든 별인 펜타그램에도 황금비가 숨겨져 있다.

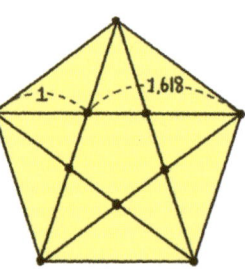

 **우리는 황금비에 속았다?**

황금비로 만들어져 아름답다는 예술 작품들….
사실 알고 보면 황금비가 아니다?

이러한 작품들은 황금비를 고려하여 만든 것이 아니라는 주장이 계속해서 제기되고 있다.

워낙 아름답다 보니 후대에 억지로 끼워 맞췄을 가능성이 높고, 실제 측정 결과도 황금비와 차이가 있다.

그럼 실제로 황금비로 만들어진 작품이 있을까?

르 코르뷔지에가 지은 '라 투레트 수도원'은 곳곳에 황금비가 적용되었음을 건축가 스스로 밝혔다.

3-1 비율 — 금강비

A4용지의 크기는 210mm × 297mm이다.

200 × 300도 아니고, 왜 이렇게 애매한 숫자로 정했을까? 그것은 바로 금강비 때문이다.

금강비
약 1:1.4의 비율. 금강산처럼 아름다운 비례라는 뜻에서 유래되었다고 한다. 자신의 2배가 다시 자기 자신과 닮음이 되는 성질이 있다.

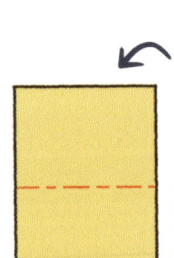 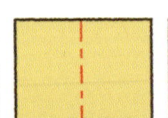 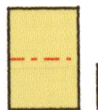 

금강비는 반으로 계속 잘라도 자신의 원래 비율을 유지한다.

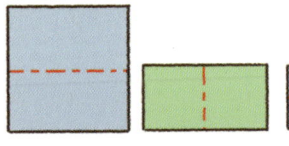

다른 사각형들은 자를 때마다 비율이 달라진다.

마치 마트료시카와 비슷하다?!

금강비로 종이를 만들면 좋은 점!
1. 종이 낭비가 없음.
   (자투리가 발생하지 않음)
2. 반으로 자르면 정확히 다른 규격의 종이 2장이 됨.
3. 확대 또는 축소 인쇄할 때 편리함.

우리 문화재 속에 금강비가 있다?

서양에 황금비가 있다면, 동양에는 금강비가 있다.

고려 중기에 지어진 국보 부석사 무량수전은 아름다운 균형미를 가진 것으로 유명하다. 그 이유는 금강비 때문일까?

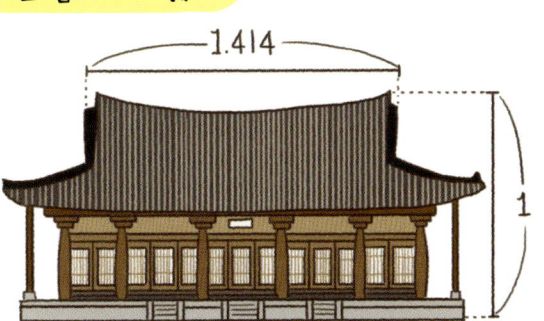

또한 유네스코 세계 문화유산으로 지정된 석굴암과 국보 첨성대에도 금강비가 있다는 설이 있다.

이 외에도 안압지, 포석정 등 많은 문화유산이 금강비를 따른다고 알려져 있지만…. 황금비에서 얻은 교훈을 떠올려 보면, 무조건 믿고 받아들이기는 어렵다.

아름답고 소중한 유산인 것만은 확실하다, 멍!

3-1 비율 백분율

어떤 사건이 일어날 가능성을 '확률'이라고 한다.

확률은 퍼센트(백분율)로 나타내면 알아보기 쉽다!

백분율
100을 기준으로 어떤 수를 나타내는 비율.
'퍼센트(percent)'라고도 하며, 기호는 %를 사용한다.

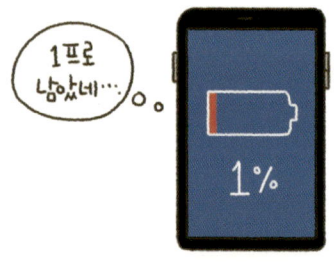

동전을 던졌을 때 세워질 확률 약 0.016%

%(퍼센트)를 '프로'로 읽기도 하는데, 이는 독일어 '프로젠트(Prozent)'를 줄인 말.

18세기 프랑스 도박사 드 메레가 친구인 파스칼과 주사위 게임에 대한 편지를 주고받았는데, 이것이 확률 이론의 시초!

정말로 일어나기 어려운 일이라고?

여러분은 어디에 해당하나요?

오른손잡이 약 90%
왼손잡이 약 10%
양손잡이 약 0.1%

아인슈타인, 다빈치, 에디슨, 모차르트 등 많은 천재들은 왼손잡이! 하지만 왼손잡이라고 모두 천재인 건 아니다.

무엇이 더 어려울까?

조사에 의하면 번개 맞을 확률은 약 28만분의 1. 복권에 당첨되는 것이 번개 맞는 것보다 훨씬 어렵다.

번개 맞을 확률
$\frac{1}{28만}$

복권 당첨될 확률
$\frac{1}{814만 5060}$

누가 누가 더 위험할까?

내가 더 세다고!

지구상에서 사람을 가장 많이 죽이는 동물은 무엇일까? 정답은 바로 모기이다. 모기에게 물려 죽는 사람은 1년에 무려 70만 명이 넘는다고….

상어에 물려 죽을 확률 0.00003%
모기에 물려 죽을 확률 0.01%

3-2 확률

비둘기 집 원리

평화의 상징 비둘기, 수학에도 등장?!

9개의 비둘기 집에 10마리의 비둘기가 들어가야 한다면 적어도 한 집에는 반드시 2마리의 비둘기가 들어 있다!

이것이 바로 '비둘기 집 원리'이다.

비둘기는 자신의 짝과 평생을 함께한다고 한다!

오지마라구! 구구?

구구?

비둘기 집 원리

물건이나 사람이 사용 가능한 공간보다 더 많아지면 반드시 중복이 생긴다는 것. 19세기 독일의 수학자 디리클레가 처음으로 공식화하였다.

당연해 보이는 원리이지만 의외로 많이 쓰인다.

방이 2개인 호텔에 손님이 3명이라면? 적어도 한 방엔 손님이 2명 이상 들어가야 한다!

여기는 무한호텔이 아니라고!

냉동실에 아이스크림이 4개 있었는데, 지금은 하나도 없다. 그렇다면 누군가는 2개 이상 먹은 것!

우리나라에 머리카락 수가 같은 사람이 있을까?

우리나라에 머리카락 수가 같은 사람이 존재할까? (삭발을 한 경우는 제외)

머리카락을 한 명 한 명 세어 보면 알 수 있을 것 같기도 하다.

세어 보지 않고 알 수 있는 방법이 있다.

먼저 사람의 머리카락 수는 몇 개 정도 될까? 사람마다 조금씩 다르지만 약 10만 개 내외라고 한다.

여기서 비둘기 집 원리를 적용해 보자!

방은 모두 10만 개. 하지만 들어가야 할 사람은 5천만 명. 적어도 2명 이상 들어 있는 방은 반드시 존재! 따라서 우리나라에 머리카락 수가 같은 사람은 반드시 있다!

3-2 확률
무한 원숭이 정리

무한히 많은 원숭이가 무한히 오랫동안 타자기를 두들긴다면…

언젠가 소설책을 똑같이 쓸 수 있을까?

쉿! 소설 쓰는 중입니다.

타닥 타다닥!

무한 원숭이 정리
아무리 작은 확률이라도 무한히 시도하면 어떤 일이든 가능하다는 것. 현대 수학 및 다양한 분야에 활용된다.

본론만 말하자면 '거의 확실히' 가능! 희박한 확률이지만 0이 아니므로 무한히 많은 원숭이가 쓴다면 가능성은 100%에 가깝다.

무한 원숭이 이야기의 시초는 바로 〈걸리버 여행기〉 소설!

교수가 학생들에게 무작위로 글자를 입력하게 하여 모든 지식을 담은 책을 쓰려고 했다는 말도 안 되는 내용에서 시작됐다고….

2002년 미국 플리머스의 대학교에서 **원숭이가 소설을 쓸 수 있는지** 실험을 했다!

하지만 그 결과는 참담.

빠각!

대장 원숭이는 돌로 컴퓨터를 공격.

나머지 원숭이들은 키보드에 똥을 싸기도….

사람이 벽을 뚫고 지나갈 수 있을까?

나와 완벽히 똑같은 사람을 '도플갱어'라고 한다. 이것은 독일의 괴담으로 <mark>자신의 도플갱어를 마주친다면 심하게 아프거나 죽을 수도</mark> 있다고 한다.

실제로 DNA마저 100% 같은 도플갱어가 있을 확률은 104자분의 1 정도라고….
(1자 = 10000000000000000000000000)

너무나도 작은 확률이지만 인류가 무한히 태어난다면 나와 완벽히 똑같은 존재는 확실히 존재한다?!

<mark>그렇다면 사람이 벽을 뚫고 지나가는 것은 가능할까?</mark>

물리학자 G.가모프에 의하면 감옥에 갇힌 죄수가 우주의 나이만큼 오랜 시간 벽에 몸을 부딪힌다면 한 번 정도는 벽을 통과할 수 있을지도 모른다고….

3-2 확률
나비 효과

현대 과학은 행성의 움직임, 로켓의 궤도조차 거의 오차 없이 예측이 가능!

그런데 날씨는 왜 이렇게 예측이 힘들까?

나비 효과는 예측이 힘든 현상을 설명할 때 자주 등장!

"내가 날갯짓을 하면 미국에서 토네이도가 일어나지!"

카오스 이론
초기 조건에 아주 민감한 결과를 가지는 시스템에 관한 이론.
대표적인 예가 바로 나비 효과.

브라질에 사는 나비의 날갯짓이 미국에 토네이도를 일으킬 수 있을까?

말도 안 되는 소리 같지만 가능할지도 모른다.

기상학자 로렌즈가 실험을 하던 중 0.506127 대신 0.506만 입력했는데, 결과 차이가 엄청났던 것!

"이렇게 입력하면…."

이렇게 작은 차이에도 날씨는 바뀌기 때문.

카오스의 반대말은 '**코스모스**'. 우주의 질서와 조화를 뜻함.

영화 '쥬라기 공원'에도 카오스 이론이….
"크아아앙!"
"꺅! 자연은 통제불가!!"

78

 **타임머신을 타고 과거로 간다면?**

영화 '백 투 더 퓨처'에서 주인공은 타임머신을 타고 과거로 간다.

만약 타임머신을 타고 돌아간 과거에 부모님이 결혼하지 않는다면 주인공은 어떻게 될까?

먼 미래, 기계와 인간의 전쟁이 일어났다! 인간의 지도자를 없애려는 AI 컴퓨터. 과거로 터미네이터를 보내어 지도자의 엄마를 죽이려 한다.

만약 터미네이터가 지도자의 엄마를 죽이는 데 성공한다면 미래는 어떻게 바뀔까?

위 영화들에서 시간 여행으로 과거를 바꾸는 것은 미래에 큰 영향을 미치게 된다. 이는 작은 변화가 예측 불가능한 결과를 초래할 수 있다는 나비 효과와 비슷하기도…?

3-2 확률
머피의 법칙

1949년, 미국 공군 대위 머피는 아주 사소한 문제로 실험에 실패하자 이렇게 말했다.

> 어떤 일을 하는 여러 방법 중 한가지 방법이 재앙을 초래할 수 있다면, 누군가는 꼭 그 방법을 쓴다.

즉, 안 좋은 일을 미리 대비하자는 것!

하지만 뜻이 완전 뒤바뀌어 **일이 잘 안 풀리고, 꼬이기만 할 때 '머피의 법칙'**이라 한다.

하필 잼을 바른 면으로 떨어진다!

그런데 머피의 법칙은 수학적으로 증명할 수 있다!

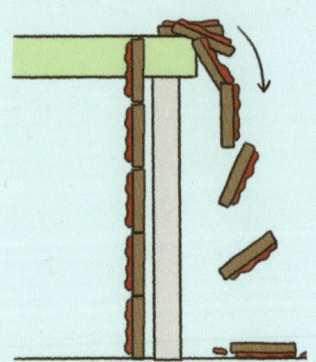

수학자 로버트 매튜가 실제로 **토스트를 9821번 떨어뜨려 실험을 한 결과,** 무려 6101번이나 잼을 바른 쪽으로 떨어졌다고….

중력과 식탁의 높이 등을 고려하여 계산해 보면 결과적으로 빵은 반 바퀴 돌고 떨어지게 되는 것!

비슷한 예로 **스마트폰을 떨어뜨리면 꼭 액정 화면 쪽으로 떨어진다….**

 **내가 서 있는 줄은 왜 항상 느릴까?**

내가 서 있는 줄만 항상 느리다?

이것은 수학적인 이유가 있다. 예를 들어 줄이 3개일 때, 내가 서 있는 줄이 가장 빨리 줄어들 확률은 $\frac{1}{3}$. 반대로 다른 줄이 빨리 줄어들 확률은 $\frac{2}{3}$이기 때문이다.

양말은 하필 바쁠 때 짝짝이가 나온다?

곰곰이 생각해 보면 짝짝이 양말이 나오는 것은 운이 없는 것이 아니다. 오히려 짝이 맞는 양말이 나오는 것이 행운이기 때문.

한편 '샐리의 법칙'이라는 것도 있다. 머피의 법칙과 반대로 내가 바라는 대로 일이 계속해서 술술 풀릴 때 사용한다.

통계

 우유 먼저 넣은 밀크티와 홍차 먼저 넣은 밀크티를 구별할 수 있을까?  영국의 한 부인이 구분할 수 있다고 주장했다.

모두가 비웃었지만 통계학자인 로널드 피셔가 실제로 이것을 실험!

밀크티 8잔을 준비하고, 그중 4개를 무작위로 골라 마신 후 답을 적게 했다. 이 실험은 이후 통계학의 기초가 된다.

"우유를 먼저 넣은 밀크티군!"

놀랍게도 그녀는 밀크티를 모두 구분해 냈다고 한다.

통계학
데이터를 수집, 분석, 해석하는 학문. 주로 불확실한 정보를 수집하고, 그것을 통해 패턴을 찾거나 결론을 도출한다.

'사다리 타기'에서 꽝을 피하는 방법이 있다?

니시우치 히로무의 〈통계의 힘〉에 따르면, 1000번의 시뮬레이션을 해 본 결과, '꽝' 바로 위가 꽝에 걸릴 확률이 가장 높았다고 한다.

반대로 꽝에서 가장 멀리 떨어진 곳은 꽝에 걸릴 확률이 가장 적었다고 하니, 가급적 꽝과 멀리 떨어진 번호를 고를 것!

Q. 가위바위보를 무조건 이기는 방법이 있다?

일본 오비린대학에서 학생 725명을 상대로 1만 1567회 가위바위보 승부를 분석.

그 결과 사람들은 '주먹'을 가장 많이 내고, '가위'를 가장 적게 낸다는 통계를 얻었다.

세계 가위바위보 협회에서 조사한 통계에서도 가위를 내는 경우는 29.6%에 불과했다. 상대적으로 보자기와 주먹을 많이 냈다는 것!

결론적으로 '보자기'를 냈을 때 유리하다!

주먹을 많이 내는 이유는 다음과 같은 설이 있다.

1. 사람은 긴장하면 본능적으로 주먹을 쥐기 때문.
2. 가위 모양은 만들기 힘든 반면 주먹 모양은 자연스럽게 만들 수 있어서.

3-3 게임
빅데이터

빅데이터는 빠른 속도로 다양하게 변하는 거대한 정보를 말한다.
따라서 이것을 다루려면 통계학이 필수!
빅데이터를 잘 분석하면 많은 이로움을 누릴 수 있다.

> **빅데이터**
> 데이터가 너무 방대하여 기존의 방법으로는 수집, 분석, 저장이 어려운 대규모 데이터를 의미한다.

amazon

아마존은 빅데이터를 이용하여 고객이 원하는 상품을 가장 저렴한 가격에, 가장 빠르게 배송하여 세계 1위의 쇼핑몰이 될 수 있었다.

스타벅스 매장은 웬만해선 망하지 않는다고 한다.
비결은 빅데이터를 철저히 분석하여 최상의 위치에 입점하기 때문.

앞으로는 개인의 건강도 빅데이터를 이용하여 관리될 것으로 보인다.
'웨어러블 기기'에 수집된 정보로 질병을 예방하고 관리하게 되는 것!

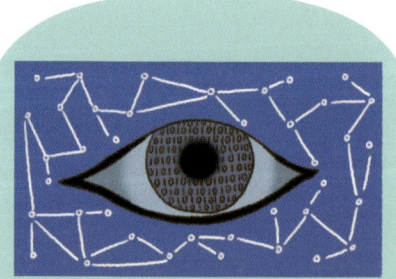

빅데이터가 잘못 사용된다면, 여러분을 감시하고 통제하는 '빅브라더'가 될 수도 있으니 주의!

 유튜브는 우리가 좋아하는 영상을 어떻게 추천할까?

유튜브나 넷플릭스를 보다 보면 내가 좋아하는 영상만 기가 막히게 추천해 준다.

이게 어떻게 가능한 것일까?

"알고리즘이 나를 여기로 데려왔군…!"

바로 여기에 빅데이터가 활용된다.

우리가 시청한 동영상 기록, 사용자 성향 등을 분석하여 좋아할 만한 영상만 쏙쏙 골라 추천해 주는 것!

모래 위를 걸으면 발자국이 남듯 우리가 온라인상에서 남긴 모든 기록을 '디지털 발자국'이라고 한다.

유용하기도 하지만 자칫 개인정보 유출 등의 피해를 입을 수도 있으니 조심!

3-3 게임

AI

기계는 생각할 수 있을까?

1950년대 천재 수학자 앨런 튜링은 기계가 생각할 수 있는지 알아보는 '튜링 테스트'를 제안했다!

1. 인간과 기계는 각각 다른 방에 있다.
2. 질문자는 여러 질문을 한 후, 인간이라고 생각되는 쪽을 고른다.

3. 확실하게 고르지 못한다면? 기계도 인간처럼 생각하는 것!

AI
'인공 지능(Artificial Intelligence)'의 약자로, 기계나 컴퓨터 등을 이용하여 인간의 지능적인 행동을 모방하거나 대체하는 기술.

조만간 튜링 테스트를 완벽히 통과하는 AI가 등장하지 않을까?

인공 지능
인간의 학습, 사고 능력 등을 모방하여 컴퓨터로 구현하는 기술.

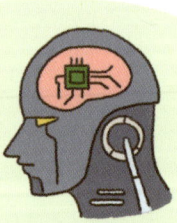

인간은 생각하는 갈대라고. 멍!

머신 러닝
컴퓨터가 스스로 패턴을 학습하고 이를 토대로 새로운 데이터를 예측, 분석하는 기술.

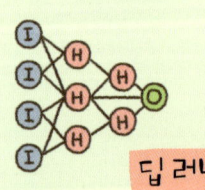

딥 러닝
인공 신경망을 활용하여 복잡한 데이터를 처리하는 기술.

인간과 인공 지능이 대결하면 누가 이길까?

인공 지능이 개발된 이후로 인간과 인공 지능은 끊임없이 대결하고 있다.

1997년 5월 11일 AI 딥 블루가 인간 체스 챔피언과 대결하였다.

결과는?
딥 블루가 2승 3무 1패로 승리!

딥 블루 vs 카스파로프

2011년 IBM사가 개발한 AI 왓슨은 퀴즈 쇼에 출연하여 인간을 제치고 우승을 거머쥐었다.

2022년 미국의 한 미술전에서 1등 한 화가가 사실은 AI였다면 믿겠는가?

실제로 일어난 이 사건은 큰 충격을 주었다.

한편 2016년 우리나라의 바둑 기사 이세돌이 인류 대표로 AI 알파고와 대결하여 1승 4패로 알파고에 패배.

하지만 그는 알파고를 상대로 유일하게 1승을 거두었으며, 경기를 지켜보던 많은 사람들에게 희망과 용기를 주었다.

내가 졌을 뿐, 인간이 진 것은 아니다!

3-4 만화로 보는 수학자 이야기 파스칼

블레즈 파스칼(Blaise Pascal, 1623~1662)은 17세기 프랑스의 수학자로 어린 시절부터 총명함이 남달랐다.

어린 시절, 삼각형 내각의 합이 180도임을 주변의 도움 없이 스스로 증명하여 신동으로 알려졌고,

13살에는 '파스칼 삼각형'을 발견하였다.

*파스칼 삼각형: 각 수가 그 위의 두 수의 합으로 이루어진 숫자 배열

그 외에도 중요한 기하학적 증명들을 해냈는데, 그때가 고작 16세!

한편 그는 지극한 효자이기도 했다.

파스칼의 아버지는 세무 감독관으로 많은 양의 세금을 일일이 계산하느라 고생이 이만저만이 아니었는데,

이에 파스칼은 아버지를 위해 계산기를 발명하였다.

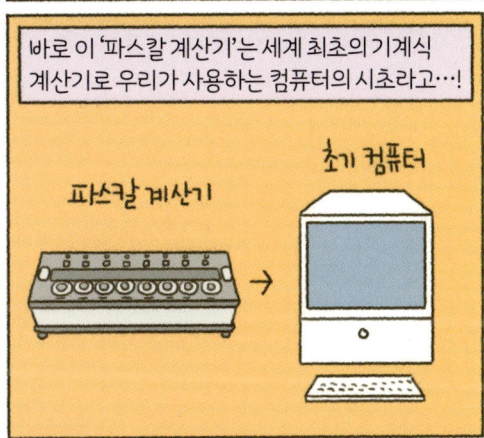
바로 이 '파스칼 계산기'는 세계 최초의 기계식 계산기로 우리가 사용하는 컴퓨터의 시초라고…!

한편 파스칼은 자신의 천재성을 사람들을 돕기 위해 사용하기도 했다.

당시 프랑스에는 마차가 다녔는데, 가격이 비싸 일반인들은 탈 엄두조차 내지 못했다.

이를 지켜보던 파스칼

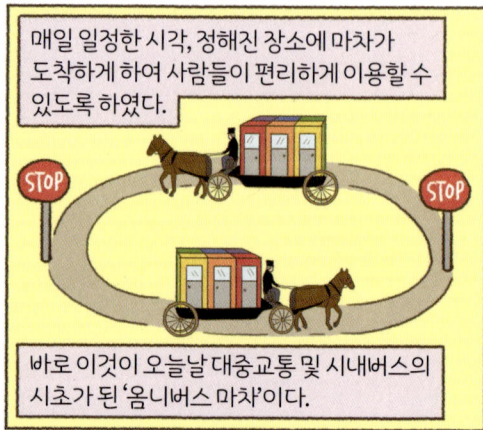

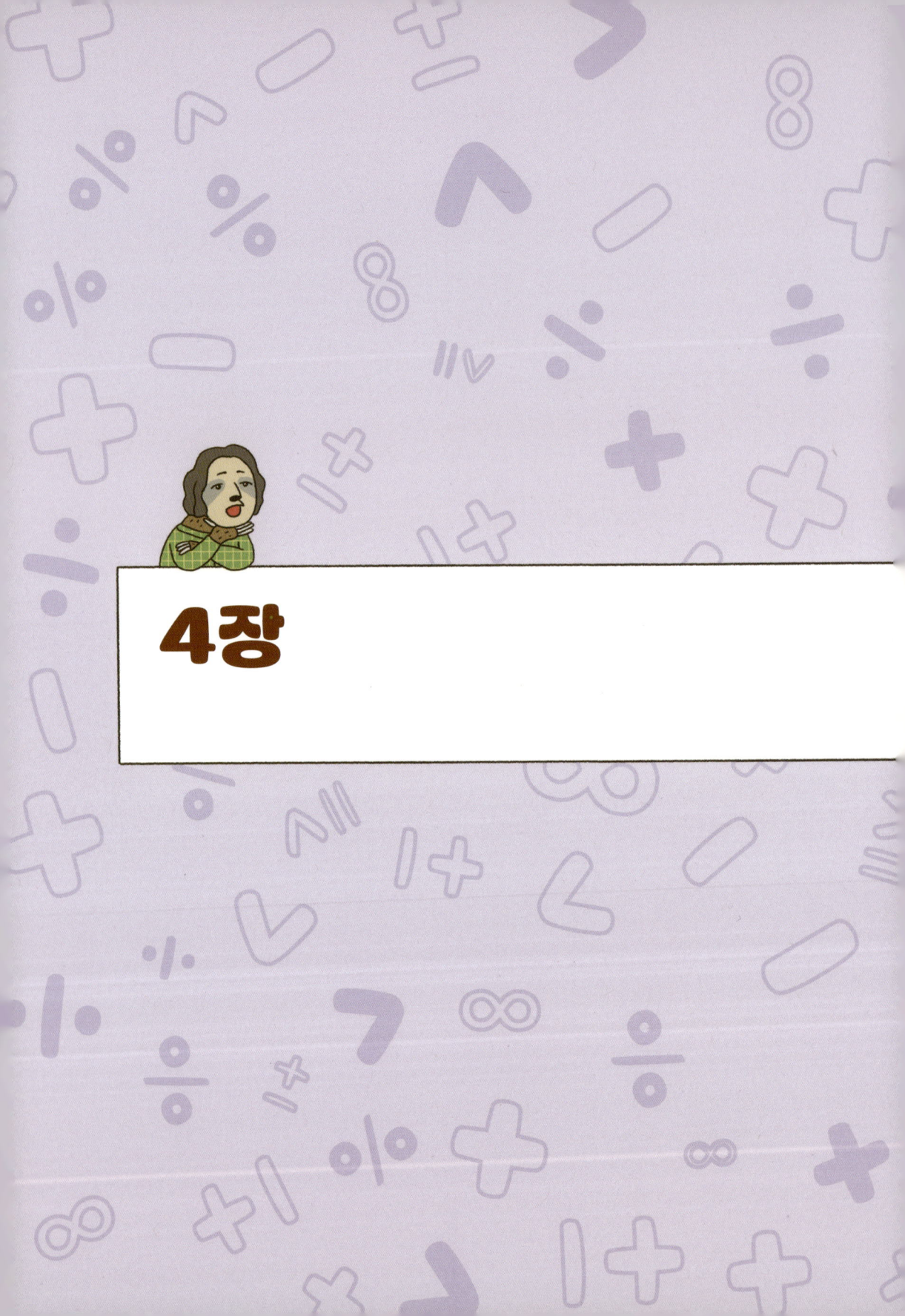

4장

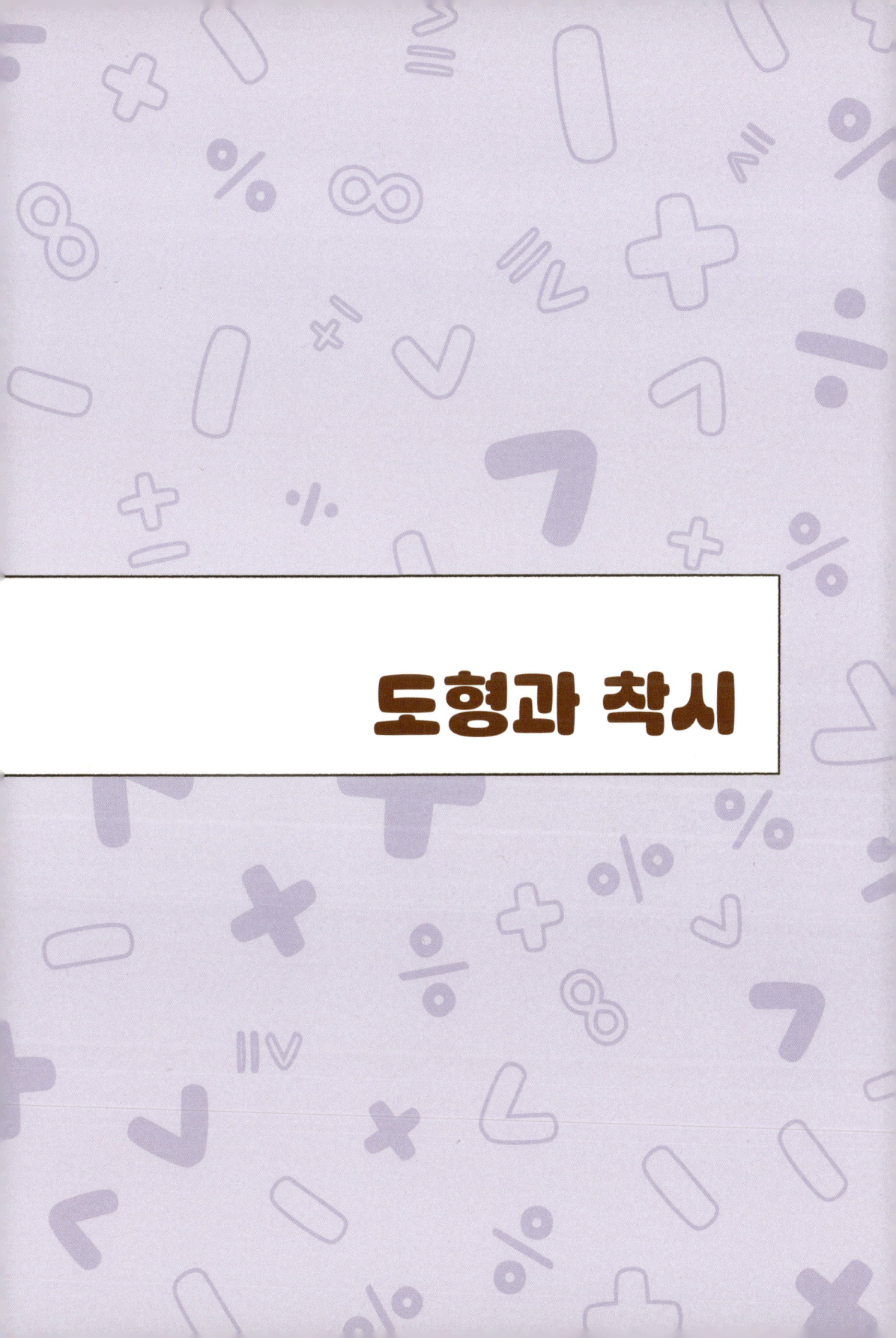
도형과 착시

평면도형

4-1 도형

사각형은 우리 주변에서 가장 많이 볼 수 있는 도형.

네모난 책가방에 네모난 책들을 넣어 네모난 버스를 타고 네모난 건물 지나….

삼각형은 세 개의 변으로 이루어진 가장 기본이 되는 도형이다.

변, 각, 꼭짓점
- 변: 다각형을 이루는 선분.
- 각: 한 점에서 나간 두 개의 반직선이 이루는 도형.
- 꼭짓점: 두 변이 만나는 점.

꼭짓점도 5개다.

오각형은 각이 5개다.

변도 5개!

오각형 pentagon

도형의 가장자리를 한 바퀴 돈 길이를 '둘레'라고 한다.

미국 국방부 건물은 오각형 모양이라서 '펜타곤'이라 불리지!

단언컨대 '원'보다 완벽한 도형은 없다.

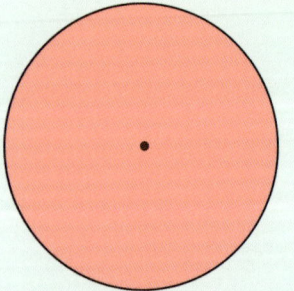

원은 한 점에서 거리가 같은 점들의 모임이다.

원은 평등함을 상징하기도 한다.

원탁회의는 위아래 없이 평등하게 대화를 나눈다는 의미이다.

원형 극장은 모든 관객이 비슷한 거리에서 관람할 수 있다.

 **교통 표지판에 숨겨진 비밀이 있다?**

최초의 교통 표지판은 1915년 미국 디트로이트에 세워졌다. 이때 사용된 표지판은 흰색 사각형에 검은 글씨로 만들어졌다.

정지 표지판은 우리나라뿐만 아니라 미국에서도 팔각형 모양이다.

삼각형이나 사각형은 보는 방향에 따라 다른 모양으로 착각할 수 있다.

180° 뒤집으면 모양이 달라 보인다.

180° 뒤집어도 똑같은 모양이다.

하지만 팔각형은 여러 각도에서 보더라도 확실히 알아볼 수 있어 운전자의 착각을 줄일 수 있다고….

교통 전문가들에 의하면 '**변이 많을수록 경고하는 심리 효과가 커진다**'고 한다. 따라서 표지판의 변이 많아질수록 더 조심할 것!

특히 원은 변이 무한히 많은 도형으로 간주하여 **가장 강력한 경고인 '금지'**를 나타낸다.

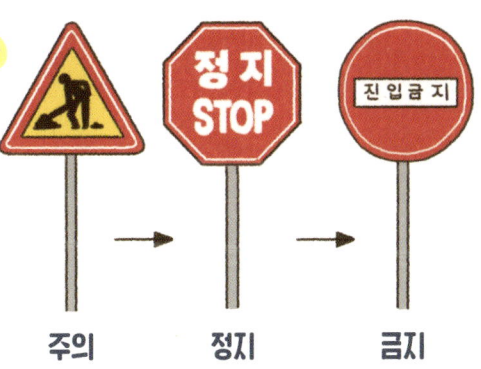

주의   정지   금지

프랙탈

4-1 도형

프랙탈이란 작은 부분을 확대하면 전체와 닮은 구조가 끊임없이 반복되는 것!

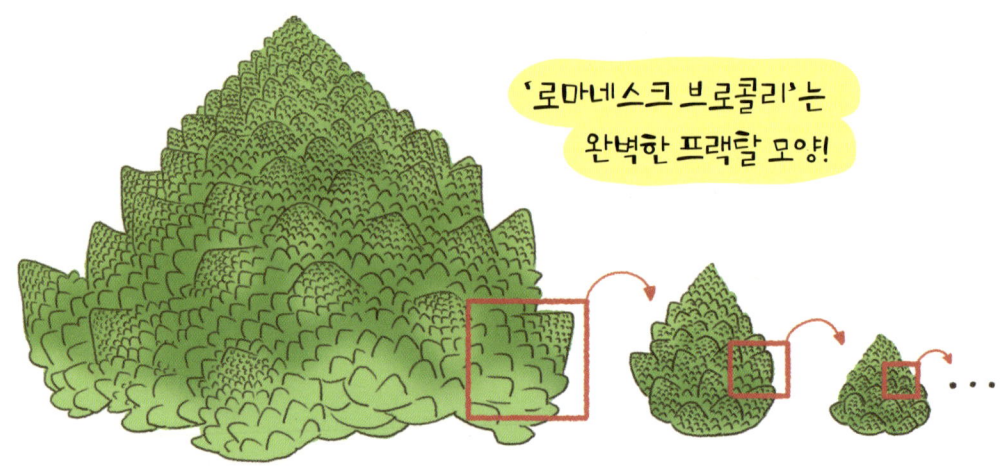

'로마네스크 브로콜리'는 완벽한 프랙탈 모양!

해안선 역시 프랙탈이다.

해안선의 길이를 자세히 재면 잴수록 해안선의 길이는 길어진다. 끊임없이 자세히 잰다면 해안선 길이는 무한에 가까워질 수도…?

프랙탈(자기 닮음)

작은 부분이 전체와 비슷한 모양으로 끝없이 되풀이되는 것. 우리 주변의 자연 현상에서 자주 관찰되는데 나뭇가지, 구름, 산호 등이 프랙탈 구조이다.

프랙탈은 자연 속에서 자주 발견된다.

번개

눈송이

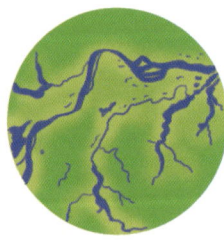
강줄기

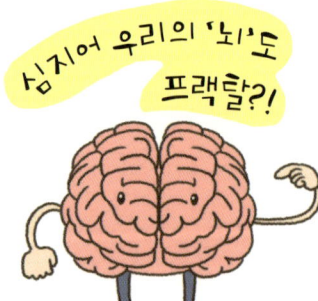

심지어 우리의 '뇌'도 프랙탈?!

둘레는 무한이고, 넓이는 0인 도형이 있다?

아래 과정을 반복하면 흡사 눈송이 모양처럼 된다.
바로 이것이 '**코흐 눈송이**'로 대표적인 프랙탈.

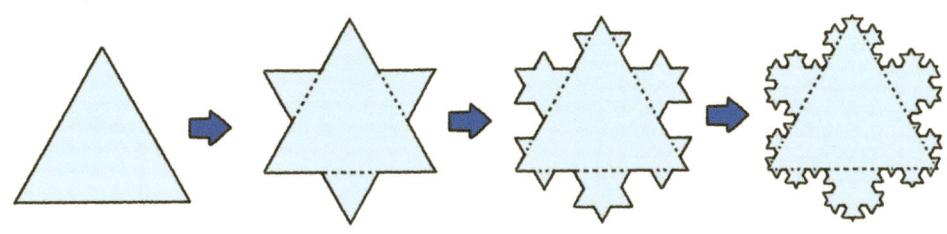

'시어핀스키 삼각형'이란 것도 있다.
아래 과정을 반복하면 작은 구멍투성이 삼각형이 되는데,
결국 넓이는 0이 되고 둘레는 무한인 도형이 되는 것!

'멩거 스펀지'는 시어핀스키 삼각형의 입체 버전.
계속해서 작은 구멍이 생긴다면 결국 어떻게 될까?

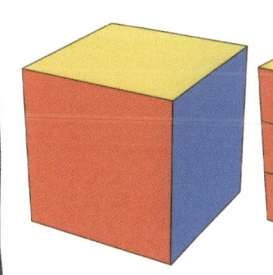

4-1
도형

테셀레이션

테셀레이션은 일정한 형태의 도형으로 평면을 빈틈없이 채우는 것.
(쪽매 맞춤, 타일링이라고도 한다.)

테셀레이션을 만들 수 있는 정다각형은 아래 3가지만 가능!

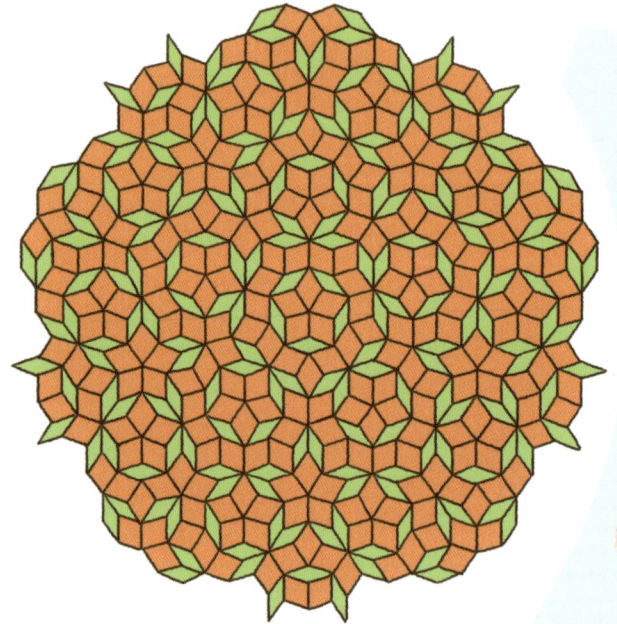

테셀레이션을 만드는 원리는 무엇일까?

원리1 일정한 거리만큼 움직이는 '평행 이동'.

원리2 거울을 보는 것처럼 뒤집는 '반사'.

원리3 한 점을 중심으로 모양을 돌리는 '회전'.

원리4 평행 이동과 반사가 결합된 '미끄러짐 반사'.

주변에서 흔히 볼 수 있는 '보도블록'도 테셀레이션!

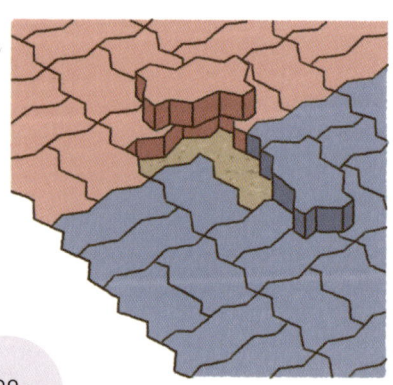

전통 문양이나 조각보에서도 테셀레이션을 찾아볼 수 있다.

경복궁 교태전 꽃담도 테셀레이션!

 ## 직접 만들어 보는 물고기 테셀레이션

 **물고기 테셀레이션 만드는 방법**

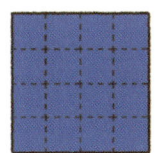

1. 정사각형 종이를 준비합니다.

2. 종이를 그림과 같이 오린 후 다른 부분에 붙여 줍니다.

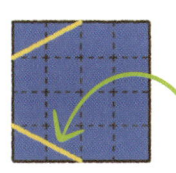 노란색 선 오리기

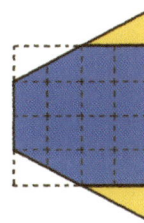 오려 낸 (노란색) 부분 회전 이동 후 붙이기

3. 그림과 같이 오린 후 물고기의 꼬리 자리에 붙여 줍니다.

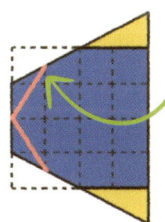 분홍색 선 오리기

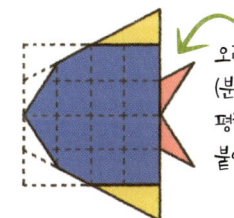 오려 낸 (분홍색) 부분 평행 이동 후 붙이기

4. 이렇게 만든 물고기를 빈틈없이 맞추면 물고기 테셀레이션 완성!

4-2 착시

면을 이용한 착시

보이는 것을 그대로 믿을 수 있을까?

'착시'가 일어나면 보이는 것과 실제가 극명히 달라진다.

길이, 면적, 각도, 방향 등의 관계를 이용한 착시를 '기하학적 착시'라고 한다.

> **착시**
> 대상을 있는 그대로가 아닌 실제와 다른 모습으로 보게 되는 현상.

 검은 점은 모두 몇 개일까?

위와 같은 착시에는 점, 선, 면과 같은 도형의 기본 요소가 사용된다.

'점'이란 위치는 있으나 부분이 없는 것.
'선'이란 폭이 없이 길이만 있는 것.
'면'이란 길이와 폭만 있는 것.

— 유클리드의 〈원론〉 중 —

100

 **보이는 것을 그대로 믿을 수 있을까?**

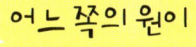 어느 쪽의 원이 더 커 보이는가?

확실히 왼쪽의 주황색 원이 작아 보인다.

하지만 실제로 크기는 정확히 같다. 이것이 어떻게 가능할까?

이는 '에빙하우스 착시'라 하는데, 주변에 있는 도형의 크기에 따라 가운데 원의 크기를 다르게 인식하게 되는 원리이다.

못생긴 얼굴들 사이에 있으면 상대적으로 훨씬 예뻐 보이는 착시가 일어나는 것과 비슷?!

101

4-2 착시
선을 이용한 착시

기하학적 착시 중에는 방향과 각도를 이용한 것도 있다.

아래 회색 선이 어떻게 보이는가?

방향과 각도
- 방향: 사람이나 사물 등이 향하거나 움직이는 쪽.
- 각도: 각의 두 변이 서로 벌어진 정도.

각 vs 각도
- 각: 두 반직선이 만나 이루는 '도형'.
- 각도: 각의 '크기'.

회색 선은 휘어져 있는 것처럼 보이지만, 모두 직선이고 평행하다!

한없이 늘려도 만나지 않는 두 직선을 '평행'이라 한다.

기찻길은 실제로 평행하나 그림에서 보면 마치 한 점에서 만나는 것처럼 보인다.

 보이는 것을 그대로 믿을 수 있을까?

가로가 길까? 세로가 길까?

세로선이라고 생각할지 모르지만
자로 재어 보면
길이가 정확히 같다.

검정 선은 어떤 선과 연결될까?

1. 파란 선
2. 빨간 선

정답은 빨간 선이다.

이것은 '포겐도르프 착시'라고 하는데,
대각선의 중간을 가렸을 때 일어나는 착시이다.
약 40년 동안의 많은 가설에도 불구하고
아직도 무엇이 이 착시를 일으키는지는
정확히 밝혀지지 않았다!

4-2 착시
원근법

원근법이란 입체적인 모습을 평면에 옮길 때 사용하는 기법으로 미술에서 많이 활용된다.

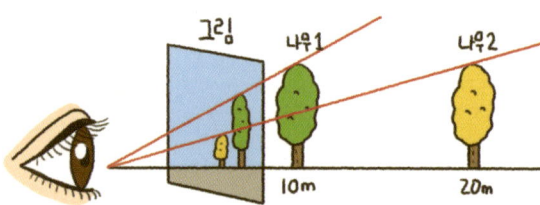

원근법은 수학을 바탕으로 하는데, 여기에는 '닮음비'가 적용되어 있다.

> **닮음비**
> 서로 닮은 도형에서 대응하는 선분의 길이.

트릭아트는 ==평면의 그림이 마치 입체인 것처럼 느껴지게== 하는 예술.

어떻게 평면인 그림이 생생한 입체처럼 느껴지는 걸까?

==비법은 각도를 치밀하게 계산한 후==, 원근법과 명암을 활용해 입체감을 느끼게 한다.

 ## 원근법을 사용하는 이유

평면에 생생한 입체감을 표현하고 싶다면 원근법을 잘 사용해야 한다.

가장 기본적인 원근법은 1점 투시. 자세히 보면 공간이 사라지는 '소실점'이 있는데, 이것이 1개일 때 1점 투시라고 한다.

 건물의 외관을 입체감 있게 그리고 싶다면 2점 투시나 3점 투시를 활용해 보자.

'증강 현실(AR)'은 실제 배경에 가상의 물체를 합성하는 기술이다.

이때 원근법은 가상의 물체에 현실과 같은 원근감을 부여하여 실제와 같은 느낌을 전달한다.

4-2 착시
불가능한 도형

아무리 올라가도 끝나지 않는 계단이 있다!

바로 이 '펜로즈 계단'은 2차원에서는 표현이 가능하지만, 3차원에서는 존재할 수 없는 불가능한 계단이다.

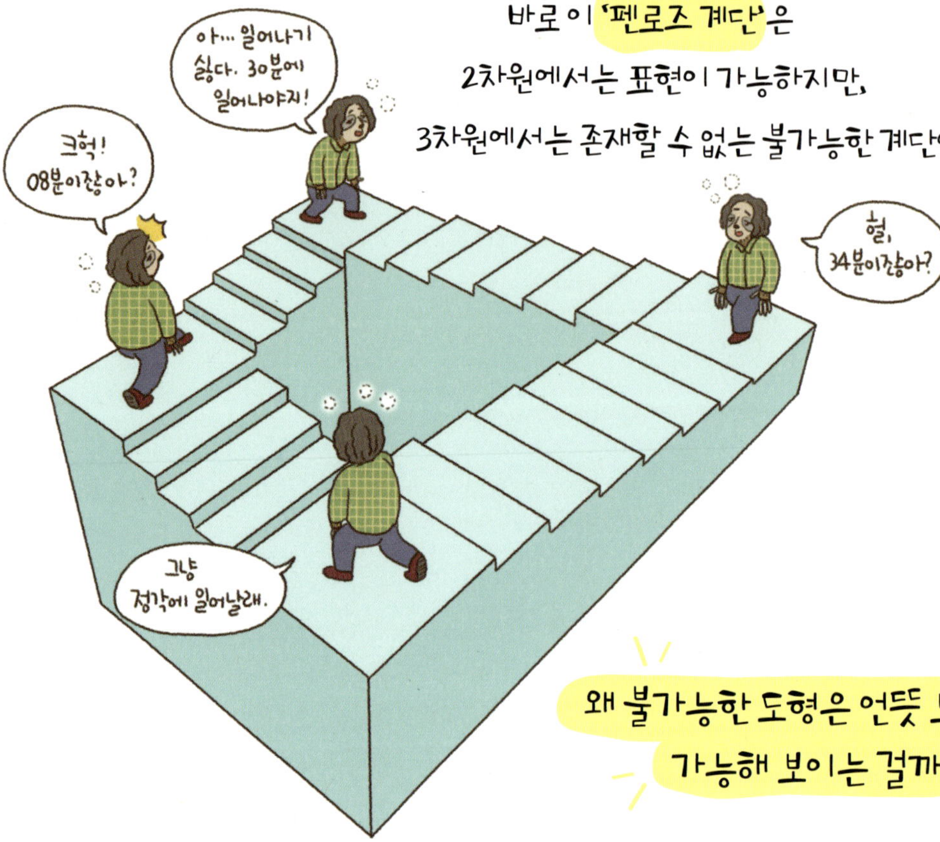

아… 일어나기 싫다. 30분에 일어나야지!

크헉! 08분이잖아?

헐, 34분이잖아?

그냥 정각에 일어날래.

왜 불가능한 도형은 언뜻 보면 가능해 보이는 걸까…?

그 이유는 우리 시각이 만들어 내는 '착시' 때문이다.
2차원의 도형을 3차원으로 판단하는 과정에서 착시가 발생한다.

1934년 스웨덴의 화가 오스카 로이터스바르드는 불가능한 도형들을 그렸다. 스웨덴 우체국에서 그의 작품들을 우표로 발행!

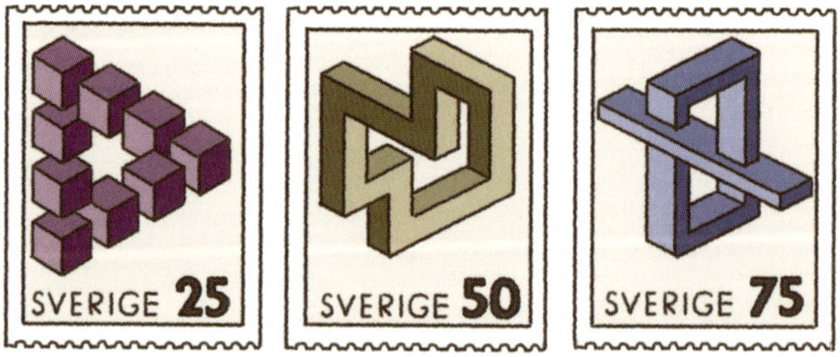

 **불가능한 도형은 정말로 현실에 없을까?**

독일 기술 박물관에 설치된 '펜로즈 삼각형'은 불가능한 도형이다. 실제 가능한 듯 보이나 다른 각도로 보면 트릭을 알 수 있다.

뫼비우스의 띠

독일의 수학자 뫼비우스가 처음 제시한 안쪽과 바깥쪽의 구분이 없는 도형. 누군가 뫼비우스의 띠 위에 올라간다면 영원히 걸어야 할지도…?

 뫼비우스의 띠 만드는 방법

1. 종이를 띠 모양으로 오린다.

2. 종이 띠의 한쪽을 180° 꼬아 반대쪽 끝에 붙여 주면 뫼비우스의 띠 완성!

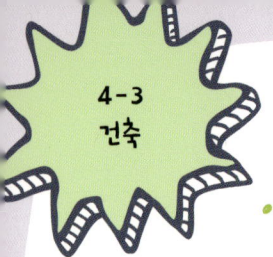

4-3 건축

한붓그리기

이 다리들을 한 번씩만 차례대로 건널 수 있을까?

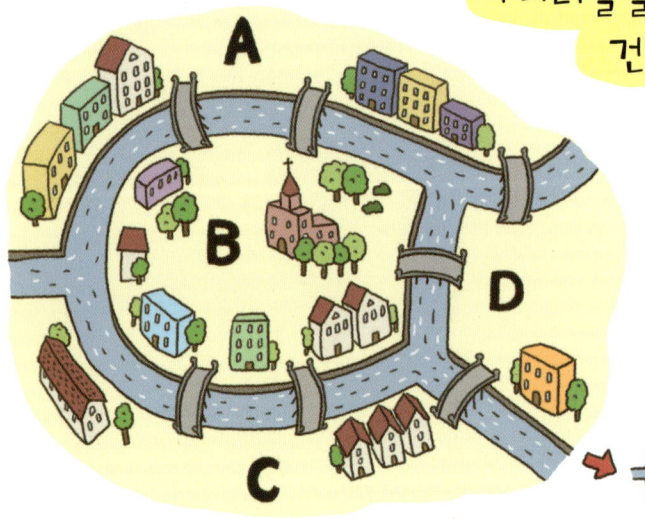

독일 쾨니히스베르크에 실제로 7개의 다리가 있다. 문제를 풀려고 많은 수학자들이 시도했지만 대실패!

한붓그리기
한 번 지나갔던 선으로는 다시 지나가지 않고, 모든 선을 이어서 그림을 완성하는 것.

위 문제가 불가능하다는 것은 1736년 수학자 오일러가 밝혀냈다!

이 당시 오일러는 오른쪽 눈이 보이지 않았고, 이후 완전한 실명 상태가 되었음에도 역사상 가장 많은 수학 연구를 남겼다.

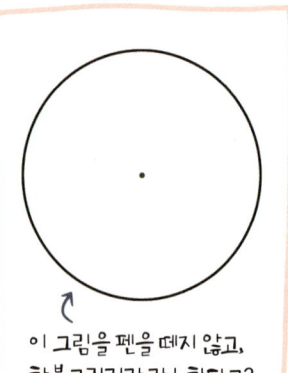

이 그림을 펜을 떼지 않고, 한붓그리기가 가능하다고?

버스나 지하철 노선도를 쉽게 알아볼 수 있는 것도 위와 같은 연구에서 시작된 것.

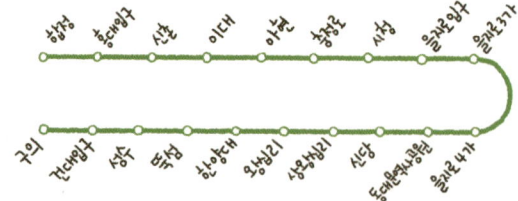

 ## 우리 주변에서 '한붓그리기' 원리 찾기

한붓그리기의 최대 장점은 '낭비'를 최소화할 수 있다는 점이다.

우리도 생활 속에서 한붓그리기 원리를 사용하고 있다. 대표적인 예가 바로 여행이다. 왔던 곳을 또 오지 않게 코스를 짜는데, 이것이 바로 한붓그리기 원리!

3D 프린터 역시 한붓그리기 원리를 활용한다. 동선 낭비를 줄여 최대한 적게 움직이므로 출력 시간을 빠르게 할 수 있다.

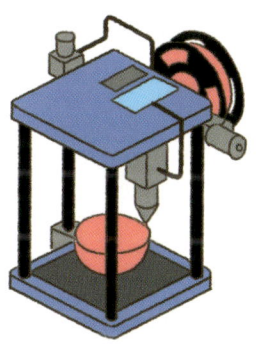

엄청 빠르네~!

택배는 물건을 빠르게 배송하는 것이 핵심이다. 따라서 갔던 길을 여러 번 왔다 갔다 하지 않도록 한붓그리기 원리를 활용하면 효율적이다.

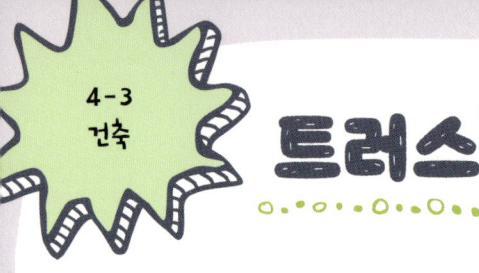

트러스

4-3 건축

우리에게 가장 익숙한 도형은 다름 아닌 '삼각형'일 것이다.

삼각형은 가장 안정적인 도형으로 실생활에 많이 사용된다.

삼각대 다리는 땅이 울퉁불퉁해도 3개의 점이 하나의 평면을 만들고 있어 흔들림이 없고 안정적이다.

또한 삼각형은 가장 튼튼하다.

못 버티겠어!

이런 삼각형의 성질을 건축에 이용한 것이 바로 '트러스'.

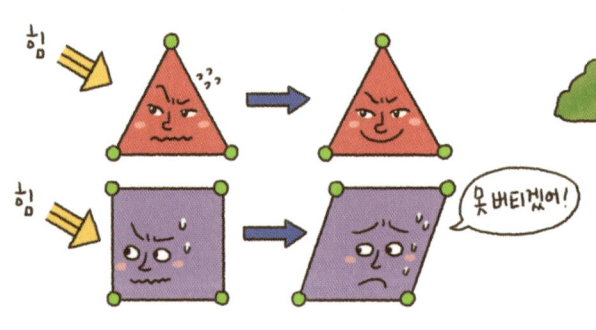

파리의 상징 '에펠탑'은 대표적인 트러스 구조로 건축 당시 세계에서 가장 높은 건축물이었다고….

> **트러스**
> 목재나 철근을 삼각형 그물 모양으로 배열해 하중을 지탱시키는 구조.
> 가볍지만 튼튼하여 지붕, 다리, 항공기 등의 뼈대를 만드는 데 사용된다.

Q 자유의 여신상 내부 모습은 어떨까?

트러스는 다양한 형태로 활용된다.

지오데식 돔은 수많은 삼각형으로 이루어진 건축물이다. 여기에는 트러스 구조가 적용되어 놀라울 만큼 가볍고 튼튼하다.

주변에서 자주 볼 수 있는 택배 박스나 상자는 대부분 골판지로 되어 있다.
종이라고 얕보지 말 것!

골판지로 만든 침대는 300kg까지 버틸 수 있다고….

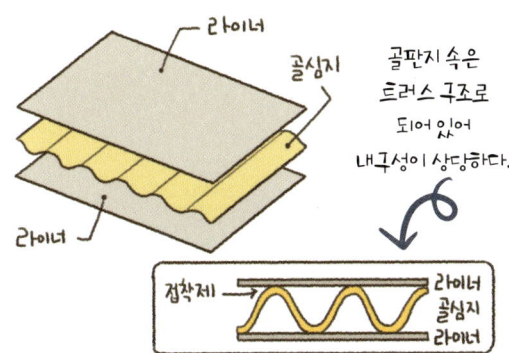

골판지 속은 트러스 구조로 되어 있어 내구성이 상당하다.

자유의 여신상은 미국을 대표하는 상징이자 93.5m에 육박하는 거대한 동상.
하지만 그 내부 모습을 아는 사람은 거의 없다.
거대한 동상을 지지하기 위해 내부는 트러스 구조로 되어 있다.

자유의 여신상은 원래 에메랄드색이 아니다. 처음 만들 당시 구리의 붉은색이었지만, 세월이 지나며 산화되어 푸른빛을 띠게 되었다.

처음 모습 / 2년 후 / 20년 후

4-3 건축 — 입체 도형

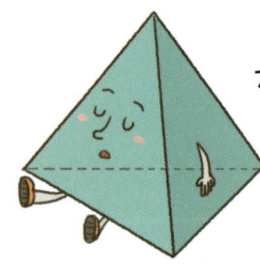

정사면체는 <mark>모든 면이 정삼각형</mark>인 다면체이다.

피라미드는 밑면이 정사각형!

정사각뿔인 피라미드와는 밑면의 모양이 다르다.

방파제에 쌓여 있는 콘크리트들의 정체는 바로 테트라포드. 파도나 해일의 피해를 막아 준다.

정사면체 모양의 테트라포드는 빈틈없이 쌓을 수 있으면서도 하나하나가 안정감 있는 모양.

마름쇠는 <mark>네 개의 침이 정사면체 모양으로 뻗어 있어</mark> 예로부터 적의 침입을 막는 데 사용되었다.

어떻게 던져도 침 하나는 반드시 위로 올라온다.

정다면체

각 면의 모양이 모두 합동인 정다각형이고, 각 꼭짓점에 모인 면의 개수가 같은 다면체. 그 예로 정사면체, 정육면체 등이 있다.

 ## 정다면체는 모두 몇 개가 있을까?

본론부터 말하면 지구상에 존재하는 정다면체는 불과 5개!

고대 그리스 철학자 플라톤은 우주를 구성하는 4가지 원소가 정다면체의 모양을 하고 있다고 생각했다.

플라톤이 주장한 정다면체의 의미는 다음과 같다.

가장 가볍고 날카로운 정사면체 ➡ 불
가장 안정된 정육면체 ➡ 흙
입으로 불면 잘 돌아가는 정팔면체 ➡ 공기
쉽게 구르는 정이십면체 ➡ 물

정사면체(불)   정육면체(흙)

정팔면체(공기)   정이십면체(물)

마지막으로 정십이면체는 4가지 원소로 에워싸인 우주 전체를 나타낸다고 생각했다.

정십이면체(우주)

숫자 12는 동서양을 막론하고 우주와 깊은 관련성을 가진다. 12간지, 황도 12궁이 그 예다.
우주와 12는 정말로 어떤 관련성이 있는 게 아닐까…?

4-3 건축 위치와 모양

빨대에는 구멍이 몇 개 있는 것일까?

이를 두고 치열한 논쟁이 붙었다!

1개다.
도넛의 구멍이 1개이듯 빨대도 1개.
다만 구멍이 조금 길 뿐?!

2개다.
앞쪽에 구멍 1개, 뒤쪽에 1개니까 구멍은 총 2개!

0개다.
빨대는 직사각형을 말아서 만든 모양이니 애초에 구멍은 없다.

이건 구멍 난 파이프가 아니라 멀쩡한 파이프니까….

정답은 바로 1개! 이유는 수학으로 설명할 수 있다.

찰흙으로 된 컵을 구멍 내거나 찢지 않고 주무르면 도넛 모양이 된다.

따라서 수학적으로 컵과 도넛은 구멍이 1개인 같은 모양인 것!

빨대, 반지, 도넛도 구멍이 1개니까 같은 모양인 셈.

이렇게 위치와 모양만 다루는 수학을 '위상 수학'이라고 한다.

복잡한 지하철 노선도지만 위치와 모양만 고려하여 알아보기 쉽게 만들 수 있다.

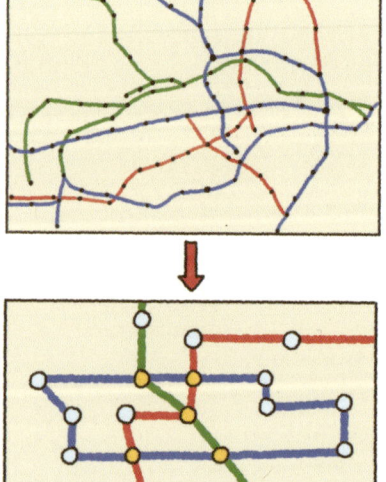

 **위상 수학은 쉽게 생각하면 ○○○○와 같다?!**

위상 수학이라는 말이 어려워 보이지만 간단히 말하면 복잡한 것을 단순하게 만들고, <mark>가장 중요한 속성만 남기는 것!</mark>

비슷한 예로 <mark>픽토그램</mark>이 있다. 픽토그램이란 복잡한 그림을 간단히 나타내어 누가 봐도 이해할 수 있게 만든 그림이다.

여기서 중요한 점은 누가 보더라도 같은 의미로 이해할 수 있는 가장 보편적이고 공통적인 요소만 남겨야 한다.

쉽게 말해 <mark>위상 수학은 이모티콘</mark> 같은 것!

불필요한 것을 지우고, 본질적인 것만 남겨 놓는다.

데카르트

4-4 만화로 보는 수학자 이야기

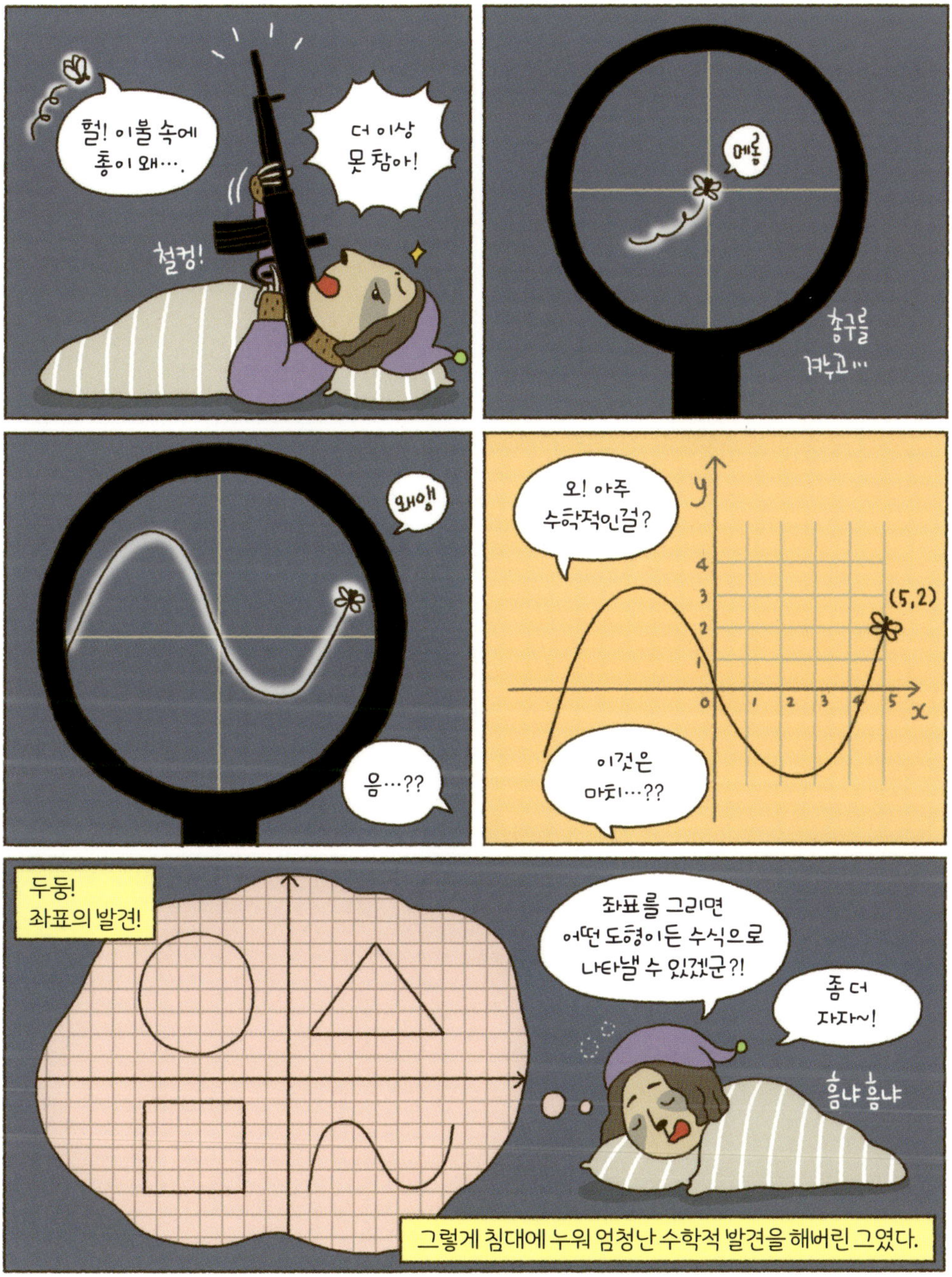

보기만 해도 쉽게 풀리는
어린이 수학 도감

지은이 남택진, 이현욱
그린이 정은혜
펴낸이 정규도
펴낸곳 (주)다락원

초판 1쇄 발행 2024년 3월 1일
초판 2쇄 발행 2024년 7월 2일

책임편집 박소영
디자인 변영은

다락원

주소 경기도 파주시 문발로 211
내용문의 (02)736-2031 내선 275
구입문의 (02)736-2031 내선 250~252
팩스 (02)732-2037
출판등록 1977년 9월 16일 제406-2008-000007호

Copyright © 2024, 남택진·이현욱

- 저자 및 출판사의 허락 없이 이 책의 일부 또는 전부를 무단 복제·전재·발췌할 수 없습니다.
- 구입 후 철회는 회사 내규에 부합하는 경우에 가능하므로 구입문의처에 문의하시기 바랍니다.
- 분실·파손 등에 따른 소비자 피해에 대해서는 공정거래위원회에서 고시한 소비자 분쟁 해결 기준에 따라 보상 가능합니다. 잘못된 책은 바꿔 드립니다.

ISBN 978-89-277-4797-0 73410

http://www.darakwon.co.kr
다락원 홈페이지를 통해 인터넷 주문을 하시면 자세한 정보와 함께 다양한 혜택을 받으실 수 있습니다.